AF564987

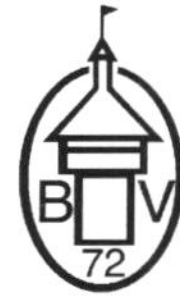
B
V
72

Thomas Mack

Wege zu raschem Gewinn

Ein komplettes Eröffnungsrepertoire

Joachim Beyer Verlag

ISBN 978-3-95920-212-1

1. Auflage 2024

Ein Imprint des Schachverlag Ullrich, Zur Wallfahrtskirche 5, 97483 Eltmann

Herausgeber: Robert Ullrich

Inhaltsverzeichnis

Übersicht über die Eröffnungszüge des Weißrepertoires

W1	1.e4	c5	2.♘f3	d6	3.d4	cxd4	4.♘xd4	♘f6	5.♘c3	a6	6.♗g5	W1
W2										g6	6.f4	W2
										♘c6	*zu W4*	
W3				♘c6	3.d4	cxd4	4.♘xd4	♘f6	5.♘c3	e5	6.♘db5	W3
W4										d6	6.♗g5	W4
W5								g6	5.♘c3			W5
W6								e5	5.♘b5			W6
W7-				e6	3.d4	cxd4	4.♘xd4	a6	5.♘c3			W7-8
W7								♘c6	5.♘c3			W7
W7								♘f6	5.♘c3			W7
W9-	1.e4	e5	2.♘f3	♘c6	3.♘c3	♘f6	4.♗b5	d6	5.d4			W9-10
W11								♗b4	5.0-0			W11
W12								♘d4	5.♘xe5			W12
W13								♗c5	5.♘xe5			W13-14
W15								a6	5.♗xc6			W15
W16						♗c5	4.♘xe5					W16
				♘f6	3.♘c3	♘c6	*Zugumstellung zu W9-15*					
W17						♗b4	4.♘xe5					W17
W18				d6	3.d4							W18
W19	1.e4	e6	2.d4	d5	3.♘c3	♗b4	4.e5					W19
W20						♘f6	4.♗g5	♗e7	5.e5			W20
W21								dxe4	5.♘xe4			W21
W22								♗b4	5.e5			W22
W23						dxe4	4.♘xe4					W23
W24	1.e4	c6	2.d4	d5	3.♘c3	dxe4	4.♘xe4	♗f5	5.♘g3			W24-25
W26								♘d7	5.♗d3			W26
W27								♘f6	5.♘xf6			W27
W28	1.e4	d6	2.d4	♘f6	3.♘c3	g6	4.♗g5					W28
W29						e5	4.♘f3					W29
W30	1.e4	d5	2.exd5	♕xd5	3.♘c3							W30
W31				♘f6	3.d4							W31
W32	1.e4	g6	2.d4									W32
W33	1.e4	♘f6	2.e5									W33
W34	1.e4	♘c6	2.♘f3									W34
W35	1.e4	b6	2.d4									W35

Übersicht über die Eröffnungszüge des Schwarzrepertoires

S1	1.e4	d5	2.exd5	♘f6	3.d4	♘xd5	4.c4	♘b4	5.♕a4+	♘8c6	S1
S2									5.a3	♘4c6	S2
S3							4.♘f3	g6	5.c4	♘b6	S3
S4									5.♗e2	♗g7	S4
S5						♗g4	4.f3	♗f5			S5
S6					3.♗b5+	♗d7	4.♗c4	b5			S6
S7							4.♗e2	♘xd5			S7
S8					3.c4	e6					S8
S9					3.♘f3	♕xd5	mit 6...♕f5				S9
S10							mit 7...♕h5				S10
S11					3.♘c3	♘xd5					S11
S12			ohne 2.exd5		(2.♘c3	oder	2.e5	oder	2.d4)		S12
S13	1.d4	d5	2.c4	c6	3.♘f3	♘f6					S13
S14					3.♘c3	e5	4.dxe5	d4			S14
S15							4.cxd5	cxd5	5.dxe5	d4	S15
S16									5.e3	e4	S16
					3.cxd5	cxd5	4.♘c3	e5	*zu S15*		
S17			2.♘f3	c5							S17
S18			2.♗f4	c5							S18
S19			2.♗g5	f6							S19
S20	1.♘f3	d5	2.g3	g6							S20
			2.d4	*Zugumstellung zu S17*							
S21			2.c4	d4							S21
S22	1.c4	e5	2.♘c3	♘f6	3.g3	d5	mit 8.d3				S22
S23							mit 8.a3				S23
S24			2.g3	d6	*(Grand-Prix-Angriff)*						S24
S25	1.g3	oder	1.f4	oder	1.b3	oder	1.♘c3	oder	1.b4		S25

Über dieses Buch

In diesem Buch habe ich das Eröffnungsrepertoire aufgeschrieben, das ich in den letzten 20 Jahren aufgebaut und in bis zu 80 Turnierpartien jährlich getestet habe. Dabei habe ich stets nach Eröffnungen Ausschau gehalten, in denen es die Möglichkeit zu einem raschen Gewinn gibt. Als Beispiele dafür hatte ich schon seit meiner Jugend die „Kieler Falle“ in der Skandinavischen Verteidigung (siehe Variante S1) sowie den Zug 6.f4 gegen den sizilianischen Drachen (siehe Variante W2) vor Augen.

Natürlich kann man solche Varianten nicht in allen Eröffnungen erwarten, aber ich bin doch erstaunt, in wie vielen wichtigen Eröffnungsvarianten ich „häufigste“ Züge gefunden habe, die sich bei genauerer Analyse als Fehler herausstellen. Mit „häufigst“ meine ich einen Zug, der in der betreffenden Stellung gemäß Datenbank am häufigsten gespielt wurde. Von den meisten dieser Züge war mir vorher nicht bekannt, dass sie objektiv tatsächlich schlecht sind, und als einfacher Klubspieler sah ich das manchen Zügen auch nicht gleich an. Erfahrenen Meisterspielern wird das meiste aber bekannt sein. Heutzutage kann man das ja auch mit Schachprogrammen ziemlich rasch und zuverlässig nachprüfen. Letztlich habe ich also die häufigsten Eröffnungsvarianten mit Stockfish nach schwachen Zügen abgesucht und in meiner eigenen Schachpraxis ausprobiert, ob sie gegen Klubspieler, also Spieler unter 2000 Elo, tatsächlich aufs Brett kommen.

Die besagten häufigsten Züge spielen in diesem Repertoire eine wichtige Rolle. Denn weil man bei weitem nicht auf jeden gegnerischen Zug vorbereitet sein kann, sollte man sich wenigstens auf die häufigsten Eröffnungszüge vorbereiten. Seltene gegnerische Züge kommen in meinem Repertoire also nicht vor. Vielmehr wird nur die häufigste gegnerische Antwort weiter behandelt bzw. manchmal die zwei bzw. drei häufigsten Antworten, wenn sie ähnlich häufig sind. Diesem Prinzip folgt diese Repertoireempfehlung – aber eben nur bei den gegnerischen Zügen!

Bei den eigenen Zügen kann der Repertoire-Spieler durchaus auch seltene Züge wählen, denn diese kennt der Gegner ja vielleicht gerade deswegen weniger gut. Ein Beispiel dafür ist im Repertoire die Spanische Eröffnung, in der ich zu wenige Fehlermöglichkeiten gefunden habe. Daher habe ich frühzeitig zum (Spanischen) Vierspringerspiel gewechselt, weil ich dort viele hübsche Varianten vorgefunden habe. Das bedeutet aber umgekehrt auch, dass das Vierspringerspiel hier in einer Ausführlichkeit behandelt werden muss, wie es ansonsten bei Spanisch erforderlich gewesen wäre. Denn eine häufig vorkommende Eröffnung muss man viel tiefer kennen als eine, die nur selten aufs Brett kommt. Daher wird Sizilianisch im Weißrepertoire in einer Vielzahl von Varianten behandelt, das Damenfianchetto aber in nur einer einzigen. Oder aus Sicht des Schwarzen: Wenn die Hälfte der Gegner mit Weiß 1.e4 spielt und das Repertoire darauf mit Skandinavisch antwortet, muss das Schwarzrepertoire zur Hälfte aus Skandinavisch-Varianten bestehen.

Vorwort

In diesem Repertoire ist das Wort „häufig" stets gemäß Datenbank gemeint; genauer habe ich die Chess Assistant Database (Stand 2019) mit 6,5 Millionen Partien zu Grunde gelegt. Dabei habe ich versucht, Fernpartien und Email-Partien zu ignorieren, denn die Repertoire-Empfehlungen sollen ja dem entsprechen, was man von einem Gegner, der ohne Engine-Unterstüzung spielt, erwarten kann. Natürlich geben die Partien einer Datenbank kein exaktes Bild aller tatsächlich gespielten Turnierpartien, sondern eben nur derjenigen, deren Notation erfasst wurde. Und der Klubspielerbereich ist klar unterrepräsentiert.

Dennoch stimmen die relativen Häufigkeiten mit meiner eigenen Erfahrung aus über tausend Turnierpartien mit Gegnern aus dem DWZ/ELO-Bereich zwischen 1300 und 2300 ausreichend gut überein, so dass die Häufigkeit gemäß Datenbank in den Hauptvarianten auch ein gutes Bild der Häufigkeit der Züge im Klubspielerbereich ergibt. Daran würde sich auch kaum etwas ändern, wenn ich eine Datenbank auf neuestem Stand verwendet hätte. Und so ist es sicher auch vernünftig anzunehmen, dass das, was bisher häufig gespielt wurde, auch in Zukunft häufig gespielt werden wird.

In diesem Sinne wünsche ich allen Lesern so viel Freude beim Nachspielen und Analysieren dieser 60 Eröffnungen, dass sie es kaum erwarten können, ihre eigenen Erfahrungen damit zu sammeln.

Thomas Mack
München, Mai 2024

Zur Auswahl der Züge und zum Aufbau des Repertoires

Das Ziel dieses Repertoires besteht darin, für die am häufigsten entstehenden Eröffnungsstellungen Zug-Empfehlungen zu geben. Daher enthält die Übersicht des Weißrepertoires nur die häufigste(n) Antwortmöglichkeit(en) des Schwarzen, während ein seltener Zug wie 1...a6 nicht enthalten ist. Für den mit Weiß spielenden Anwender, der gemäß Repertoire stets 1.e4 zieht, muss das aber so nicht gelten. Zum Beispiel ist nach 1.e4 e5 2.♘f3 ♘c6 die Spanische Eröffnung nicht enthalten, da das Repertoire an dieser Stelle nicht 3.♗b5 sondern 3.♘c3 empfiehlt, weil sich danach mehr Fehlermöglichkeiten für Schwarz ergeben. Das wird dann auch bei Russisch ausgenutzt, wo das Repertoire nach 1.e4 e5 2.♘f3 ♘f6 den weniger häufigen Zug 3.♘c3 empfiehlt und so die Zugumstellung ins Vierspringerspiel mit 3...♘c6 anstrebt. Aber meist sind auch die Empfehlungen für Weiß zugleich die am häufigsten gespielten Züge, auch weil diese oft die besten sind.

Gemäß Partiendatenbank und eigener Erfahrung wird in mehr als einem Drittel aller Partien, die mit 1.e4 eröffnet werden, mit dem sizilianischen 1...c5 geantwortet. Daher beziehen sich die weiteren Empfehlungen des Weißrepertoires ebenfalls zu etwa einem Drittel auf Sizilianisch. Als Antwort auf 1...c5 empfiehlt das Repertoire den Zug 2.♘f3, was auch bedeutet, dass der Anwender des Weißrepertoires den geschlossenen Sizilianer mit 2.♘c3 oder 2.c3 usw. überhaupt nicht kennen muss. Die Empfehlungen des Weißrepertoires konzentrieren sich aber nicht auf eine bestimmte Variante im Sizilianer, sondern verteilen sich wieder so, wie es den entsprechenden Zughäufigkeiten entspricht, also nach 2.♘f3 auf die drei häufigsten Züge 2...d6, 2...♘c6 und 2...e6.

Auf diese Weise ergeben sich die in der Eröffnungsübersicht enthaltenen Sizilianisch-Varianten. Entsprechendes gilt auch für die anderen dort aufgeführten Eröffnungen. Für jede dieser Varianten gibt es im Hauptteil des Buches eine weiter ausgearbeitete Empfehlung, die sich auch weiterhin an den häufigsten Zügen des Gegners orientiert und möglichst eine oder mehrere Fehlermöglichkeiten aufzeigt. Auf diese Weise ist sichergestellt, dass der Weißspieler mit einem Minimum an Varianten, die er kennen sollte, Empfehlungen für ein Maximum an Partie-Stellungen aus den gegnerischen Eröffnungen erhält. Oder einfacher formuliert: Für Varianten, die von den Gegnern häufig gespielt werden, sollte die Vorbereitung besonders gut sein.

Dass sich das empfohlene Repertoire an diesem Ziel orientiert, soll noch mit einer Zahl illustriert werden. Wenn man alle Datenbank-Partien mit 1.e4 gemäß Weißrepertoire sortiert und nur die Partien zählt, die den letzten in der Übersicht angegebenen Zug einer der Varianten erreichen (also z.B. 5.♗g5 beim Najdorf-Sizilianer oder 2.d4 beim Damenfianchetto), so kommt man auf über 80% der

Partien. Also scheiden nur weniger als 20% der Partien wegen Zügen von Schwarz aus, die nicht in der Übersicht genannt sind. Da man dies in guter Annäherung auf das Verhalten der eigenen Gegner übertragen kann, kann man sagen, dass man mit den hier empfohlenen 35 Varianten für über 80% der Weiß-Partien gut gerüstet ist.

Für das Schwarzrepertoire muss man davon gewisse Abstriche machen, denn dort decken die empfohlenen Varianten nur etwas über 70% der Datenbank-Partien ab. Das liegt daran, dass bei den geschlossenen Eröffnungen, die man als Schwarzer ja nicht vermeiden kann, im allgemeinen Stellungen entstehen, in denen mehr Züge zur Auswahl stehen als bei offenen Eröffnungen. Die Partien mit geschlossener Eröffnung verästeln sich gewissermaßen mehr als die mit offener Eröffnung.

Beim Schwarzrepertoire hat ja der Gegner den ersten Zug und zieht in etwa der Hälfte aller Partien 1.e4. Das Repertoire empfiehlt 1...d5, also mit Skandinavisch eine ansonsten eher weniger häufige Eröffnung. Das bedeutet aber andererseits, dass etwa die Hälfte aller Varianten des Schwarzrepertoires zum Bereich der Skandinavischen Eröffnung gehört. Dafür wird der Anwender durch viele reizvolle Abspiele belohnt. Ähnliches gilt für das Damengambit. Hier empfiehlt das Repertoire nach 1.d4 d5 2.c4 c6 3.♘c3 den wenig bekannten Winawer-Zug 3...e5. Während also die behandelten gegnerischen Antworten in der Regel jeweils der häufigste Zug sind, können die eigenen Züge durchaus auch mal eher seltene Züge sein, zumal es oft vorteilhaft ist, den Gegner auf ein ihm weniger bekanntes Terrain zu führen. Auch beim Weißrepertoire mache ich öfters von dieser Herangehensweise Gebrauch. Außer dem oben erwähnten Vierspringerspiel statt Spanisch und Russisch finden sich seltenere Weißvarianten auch bei Französisch (mit 5.♗d2, siehe W19) und Caro-Kann (mit 6.♗c4, siehe W24-25).

In der Eröffnungsübersicht findet sich am Beginn und am Ende jeder Eröffnungszeile eine der Kurzbezeichnungen W1 bis W35 beim Weißrepertoire bzw. S1 bis S25 beim Schwarzrepertoire. Diese verweisen auf die Variante, mit der die Eröffnungszüge der Übersicht anschließend im Hauptteil des Buches weitergeführt werden, idealerweise bis zur ersten mehr oder weniger groben Fehlermöglichkeit des Gegners. Dabei sollen die nach dem fehlerhaften Zug angegebenen weiteren Züge nur die Größe des Stellungsvorteils verdeutlichen. Soweit sollte sich der Anwender die Variante auch einzuprägen versuchen. Dabei ist es zweckmäßig, sich zu Beginn auf Varianten zu konzentrieren, die man schon einigermaßen kennt. Ansonsten empfehle ich zum Einstieg die Varianten W2 (Drachenvariante), W19 (Französisch/Winawer), S1 (Kieler Falle) und S14 (Slawisch/Winawer), da sie besonders kurz und attraktiv sind.

Letztlich ist es das Ziel aller empfohlenen Varianten, dem Gegner Gelegenheit zu einem schwachen Zug zu geben, und zwar möglichst in einer häufigen Stellung. Alle schwachen Züge sind mit "?“ gekennzeichnet, und zwar immer, sobald sich die Stellungsbewertung um mindestens 0.5 reduziert. Vor einem Fragezeichen kann natürlich auch ein größerer Fehler stehen bis hin zu einem glatten Verlustzug. Das wird in den Anmerkungen festgehalten, wobei die Stellungsbewertungen natürlich von Schachprogramm und Rechentiefe abhängen. Bei den im Text angegebenen Bewertungen habe ich mich hauptsächlich an Stockfish 9 mit Rechentiefe über 30 orientiert, dies aber stets mit Stockfish 15 überprüft. Mein Ziel war, zu Bewertungen zu kommen, die für Klubspieler wie mich verständlich sind.

Manche Züge werden auch mit "!" versehen, um anzudeuten, dass deren Bewertung deutlich besser ist als die des am häufigsten gespielten Zuges. All das sollte der Benutzer aufgrund seiner Kenntnisse und mithilfe von Computerprogrammen wie Stockfish selbst analysieren, was sehr zum Verständnis der Stellungen und Varianten beiträgt. Und wenn man mal nicht versteht, wieso Stockfish eine Stellung z.B. mit +2.0 bewertet, so weiß man als Repertoireanwender doch, dass man in einer solchen Stellung deutlich bessere Chancen hat, und kann daraus Hoffnung und Zutrauen schöpfen.

♔ ♔ ♔ ♔ ♔

Das Weißrepertoire

Ein Variantenüberblick befindet sich am Anfang und Ende des Buches.

W1 Mit Weiß gegen Sizilianisch – Najdorf

1.e4 c5 2.♘f3 d6 3.d4 cxd4 4.♘xd4 ♘f6 5.♘c3 a6

Diese Eröffnungszüge der Najdorf-Variante sind zugleich die häufigsten Züge in der jeweiligen Stellung. Der zweithäufigste Zug nach 5...a6 ist 5...g6, der klassische Drache (siehe Variante W2). Der dritthäufigste Zug 5...♘c6 führt durch Zugumstellung zu einer Variante, die hier unter 2...♘c6 aufgeführt ist und dort durch 5...d6 erreicht wird (siehe Variante W4). Die weiteren häufigsten Züge sind

6.♗g5 e6 7.f4 ♗e7.

Häufig gespielt wurde hier lange Zeit auch die Bauernraub-Variante 7...♕b6 8.♕d2 ♕xb2, die ich aber nicht in dieses Repertoire aufgenommen habe, da sie mir in den letzten zehn Jahren nicht mehr mit 8...♕xb2 begegnet ist, sondern nur zweimal mit 8...♘c6. Danach kann man über 9.♘b3 ♗e7 10.0-0-0 0-0 11.♔b1 ♖d8 12.♕e1! ♕c7 13.♗d3 b5 14.♕h4 durch Zugumstellung eine Partie Dominguez-Perez – Polgar J. aus dem Jahr 2011 erreichen, die Weiß nach 14...h6 15.♗xh6 gxh6? 16.♕xh6 ♘e8 17.e5 f5 mit der Stockfish-Empfehlung 18.♕g6+ hätte gewinnen können (+1.8).

8.♕f3 ♕c7 9.0-0-0

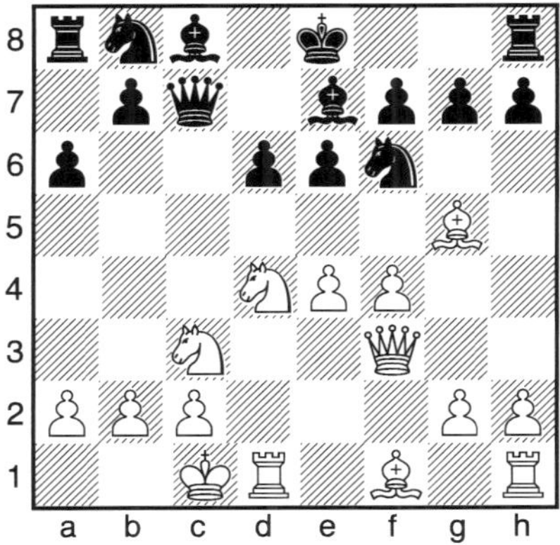

In dieser Stellung gibt es die beiden mit je ca. 500 Partien häufigsten Fehler im Najdorf (die aber mit unter 10% doch relativ selten sind), nämlich 9...♘c6? und 9...b5?. Letzteres wurde nie gegen mich gespielt, **9...♘c6?** aber einmal mit der Folge (ich war vorbereitet) 10.♘xc6 ♕xc6? (10...bxc6 11.e5 +0.7) 11.♕g3! h6 12.♗xf6 ♗xf6 13.e5 dxe5 14.fxe5 ♗g5+ 15.♔b1 0-0 16.h4! ♗e7 und nun hätte mir Stockfishs Zug 17.♖d4! noch stärkeren Angriff gegeben (+1.2, Stockfish 15 geht sogar auf +2.5).

Die Widerlegung von **9...b5?** geschieht mit 10.e5! +–, z. B. ♗b7 11.♕g3 dxe5 12.fxe5 ♘h5 13.♕h4 ♗xg5+ 14.♕xg5 g6 15.♗xb5+ axb5 (Das waren bis hierhin die jeweils häufigsten Züge.) 16.♘xe6! fxe6 17.♘xb5 ♕e7 18.♘d6+ ♔f8 19.♖hf1+ nebst matt in 8 Zügen.

9...♘bd7 10.g4 b5 11.♗xf6 ♘xf6

Schwächer ist 11...♗xf6? 12.♗xb5! +0.8.

12.g5 ♘d7 13.f5

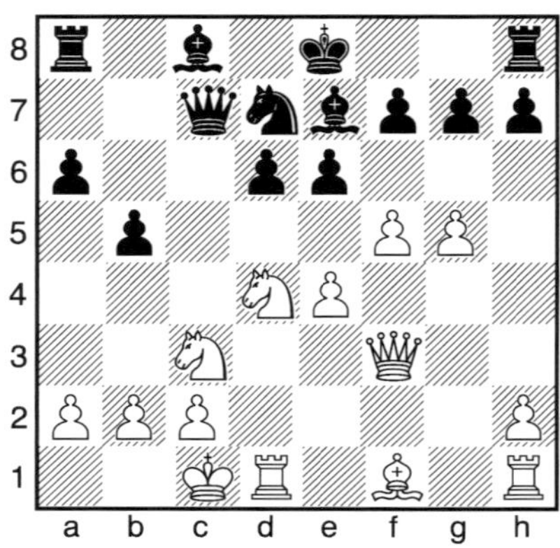

13...♗xg5+

Ebenso häufig ist 13...♘c5 mit der Folge 14.f6 gxf6 15.gxf6 ♗f8 16.♖g1 +0.5.

14.♔b1 ♘e5 15.♕h5 ♕e7 (deckt g5 und e6) **16.♘xe6 ♗xe6 17.fxe6 g6 18.exf7+ ♔xf7 19.♕h3! ♔g7 20.♘d5 ♕d8 21.♕c3 ♖a7 22.♕a3 ♕b8?**

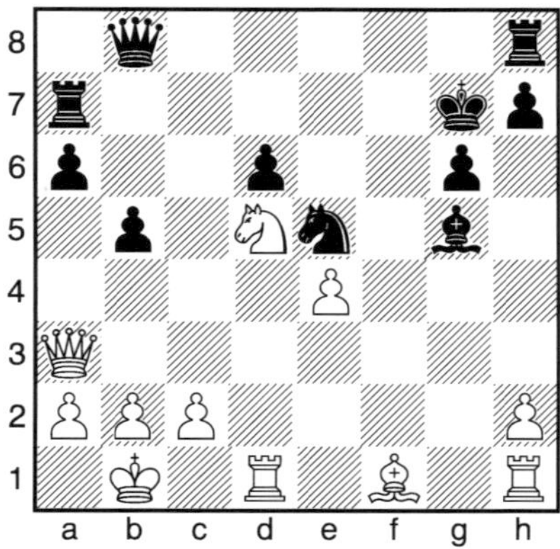

Dies wurde in drei Viertel aller Partien gespielt, ist aber laut Stockfish ein Fehler; besser ist ♖f8 oder ♗h4 mit +1.0.

23.h4 ♗h6 24.h5 a5 25.♕g3 +2.5

Diese Bewertung ist für mein Niveau unerwartet hoch, auch wenn mir klar ist, dass der deutliche Unterschied in der Königssicherheit letztlich den Ausschlag geben sollte. Aber als Klubspieler muss man die Najdorf–Hauptvariante nicht bis zu dem Fehler 22...♕b8? kennen, zumal man kaum je diese Stellung erreichen wird. Aber die Stellung nach 13.f5 habe ich in 5 Partien erreicht, in einer sogar die nach 18...♔xf7. Die Kenntnis dieser Hauptvariante bis idealerweise 20.♘d5 gibt dem Weißen gute Chancen, dass der Gegner zuerst fehlgreift.

Hier sieht man auch exemplarisch meine Vorgehensweise für dieses Buch: Ich habe die Varianten der jeweils häufigsten Züge von Stockfish bewerten lassen und meistens irgendwann einen mehr oder weniger schwachen Zug gefunden, der dennoch sehr häufig gespielt wurde. In der hier angegebenen Najdorf–Variante sind lediglich 15...♕e7 und 19.♕h3! nicht die häufigsten Züge, denn 15...♕d8 bzw. 19.♕e2 sind etwas häufiger. 19.♕e2 ist aber schwächer, daher das Ausrufezeichen bei 19.♕h3! Viel schneller als hier im Najdorf kommt man zu groben schwarzen Fehlermöglichkeiten in der nun behandelten klassischen Drachenvariante.

♔ ♔ ♔ ♔ ♔

W2 Mit Weiß gegen Sizilianisch – der klassische Drache

1.e4 c5 2.♘f3 d6 3.d4 cxd4 4.♘xd4 ♘f6 5.♘c3 g6

Das ist die Ausgangsstellung der klassischen Drachenvariante. Die mit Abstand häufigste Fortsetzung ist nun 6.♗e3 ♗g7. Dagegen wird

6.f4

nur in ca. 5% der Partien gespielt, enthält aber einige drastische Fehlermöglichkeiten, wenn Schwarz auch hier mit dem Standardzug

6...♗g7

antwortet. Da dies schon lange in den Eröffnungsbüchern steht, wird 6...♗g7 hauptsächlich von weniger erfahrenen Spielern gezogen, insgesamt in etwa einem Drittel der Datenbank-Partien.

Häufiger gespielt und sicherer ist dagegen 6...♘c6 (ca. 50% Häufigkeit). Gegen mich wurde ♗g7 mit 7-mal sogar häufiger gespielt als ♘c6 mit 5-mal. Nach 6...♘c6 kann man mit 7.♗e3 ♗g7 8.♗e2 0-0 9.♘b3 ♗e6 10.0-0 = in den klassischen Aufbau übergehen oder riskanter mit 7.♘xc6 bxc6 8.e5 ♘d7 9.exd6 exd6 10.♗e3 auf den schwächeren Zug 10...♕e7? hoffen, um mit 11.♕d4 ein sehr scharfes Spiel mit guten Chancen für Weiß anzustreben. Aber dies wird hier wegen der eher geringen Häufigkeit von 10...♕e7 (20%) nicht weiter behandelt; auch gegen mich wurde 10...♕e7 in 4 Partien nie gespielt.

7.e5 dxe5 (mit Abstand am häufigsten) **8.fxe5**

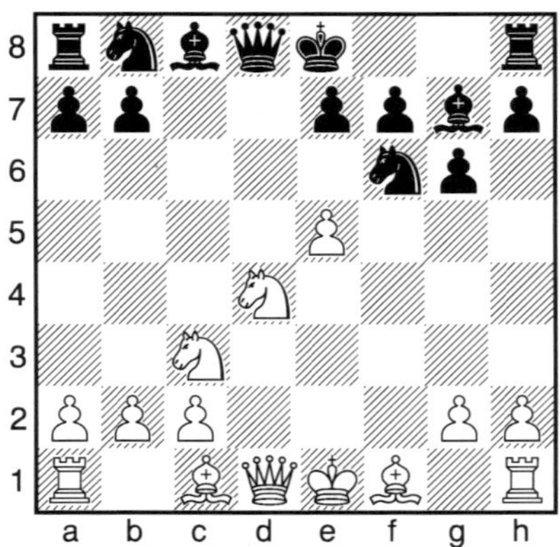

8...♘d5?

Richtig ist 8...♘fd7! 9.e6 (+0.5), was aber nur in 20% der Partien gespielt wird.

8...♘d5 (mit ebenfalls 20% Häufigkeit) wird hier als Hauptvariante dargestellt, weil die Widerlegung schwieriger ist als die der doppelt so häufig gewählten Alternative

8...♘g4? (40%), in der Schwarz nach 9.♗b5+ ♔f8? 10.♘e6+ bzw. 9...♗d7? 10.♕xg4 sofort verloren ist. Nur mit 9...♘c6 (25%) 10.♘xc6 kann sich Schwarz noch länger halten (+1.5).

9.♗b5+ ♔f8

9...♗d7 10.♘xd5 oder 9...♘c6 10.♘xc6 verliert sofort.

10.0–0 ♗xe5

Dies wird in der Hälfte der Fälle gespielt. In 20% erfolgte der Kurzschluss 10...♘xc3? 11.♘e6+ nebst Matt in 3 Zügen.

11.♘xd5! (am einfachsten) **♕xd5 12.♗h6+**

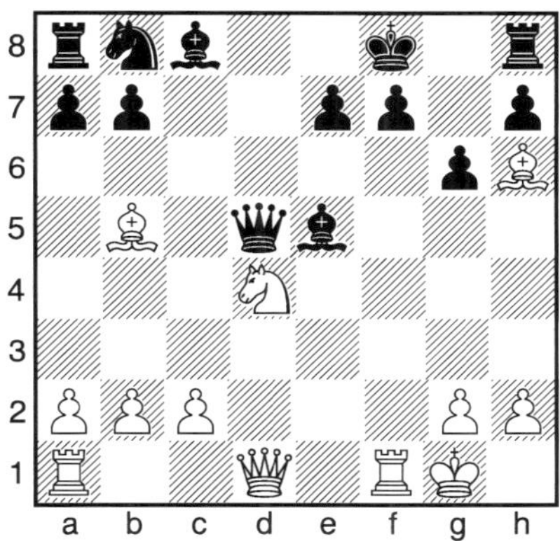

a) 12...♔g8 13.♘f5 ♕c5+ (13...♕xd1 14.♘xe7#) **14.♗e3 ♕c7 15.♘h6+** nebst Matt

b) 12...♗g7 13.♘f5 ♕c5+ (13...♕xd1 14.♖axd1 +–) **14.♔h1 ♘c6 15.♗xg7+ +–**

Diese Gewinnführungen sind so attraktiv, dass man sie gerne einmal selbst spielen möchte. Sie sind auch wegen des identischen Manövers 13.♘f5 recht einprägsam.

♔ ♔ ♔ ♔ ♔

W3 Mit Weiß gegen Sizilianisch – Sweschnikow

1.e4 c5 2.♘f3 ♘c6 3.d4 cxd4 4.♘xd4 ♘f6 5.♘c3 e5

Dieser Zug kennzeichnet die Sweschnikow-Variante. Zu 5...d6 siehe Variante W4.

6.♘db5 d6 7.♗g5

Hier kommen via Zugumstellung noch viele Partien aus der Scheveninger Variante W7 dazu.

7...a6 8.♘a3 b5 9.♗xf6

Hier ist 9.♘d5 häufiger, aber mit weniger Fehlermöglichkeiten von Schwarz.

9...gxf6 10.♘d5 f5

Ebenfalls sehr häufig versucht Schwarz, schnellstmöglich den ♘d5 abzutauschen – und zwar mit 10...♗g7 (10...♘e7?? 11.♘f6 matt!) 11.c3 ♘e7? (besser 11...f5 mit Rückkehr zur Hauptvariante) 12.♘xe7 ♕xe7 13.♘c2 f5 14.exf5

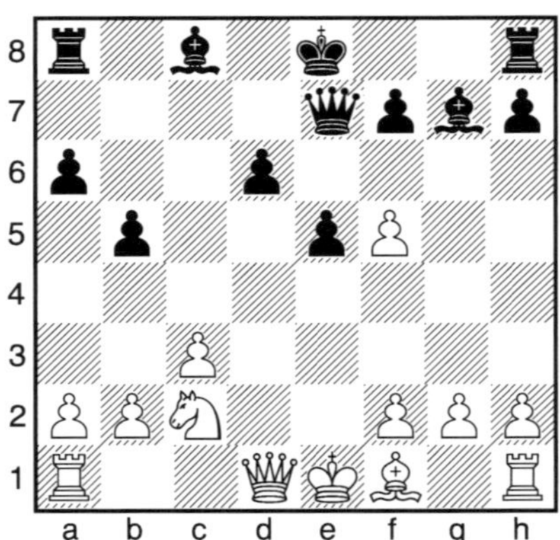

Noch kann Schwarz mit 14...0–0 (+0.8) den Schaden begrenzen, aber in einem Drittel der Partien folgte 14...♗xf5? (ein Fehler, der auch einigen starken Spielern passierte) 15.♕f3 +–.

11.c3

Hier ist 11.♗d3 häufiger, aber 11.c3 stellt eine Falle, in die rund 10% der Schwarzen fielen (auch einer meiner zwei Gegner mit dieser Stellung) und zwar 11...fxe4? 12.♗xb5 axb5 (12...♗d7? und 12...♗b7? sind wegen 13.♗a4 deutlich schwächer.) 13.♘xb5 ♖b8? (Nur 13...♗e6 14.♘bc7+ hält die Bewertung auf +1.0.) 14.♘bc7+ ♔d7 15.♕g4+ f5 16.♕xf5#.

11...♗g7 12.exf5 ♗xf5 13.♘c2 0–0 14.♘ce3 ♗e6 15.♗d3 f5 16.0–0

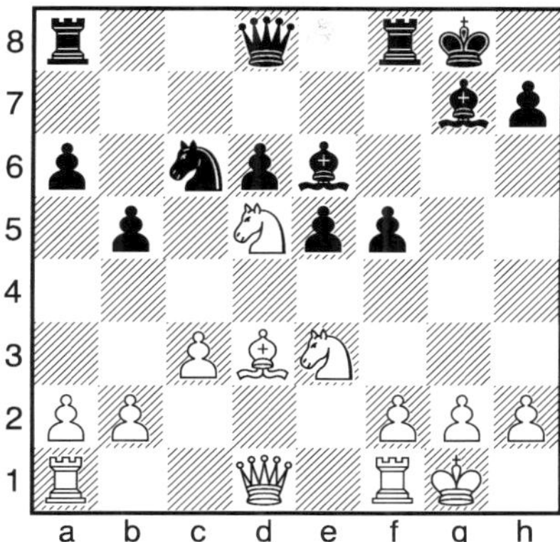

Bis hierher hat Schwarz stets den häufigsten Zug gespielt (außer 2...♘c6).

16...♘e7?

Dieser Fehler hat rund 20% Häufigkeit und kam 2001 sogar in einer Partie Aronian – Harikrishna vor.

Der häufigste Zug an dieser Stelle ist 16...♖a7 17.a4 mit nur geringem Vorteil für Weiß.

Ein anderer aber seltener Fehler wäre das verlockende 16...f4? 17.♕h5 h6? (17...♖f7 18.♗xh7+ +1.5) 18.♕g6 ♖e8 19.♘f5 ♗xf5 20.♗xf5 ♖b8 21.♗d7! +–.

17.♘xe7+ ♕xe7 18.♗xf5 ♗xf5 19.♘xf5 ♕e6 (19...♖xf5? 20.♕d5+ +–) **20.♘xg7 ♔xg7 21.a4** +2.0 (wegen Mehrbauer und Königssicherheit; Stockfish 15 bewertet die Stellung sogar mit +4.0).

Diese Sweschnikow-Variante beinhaltet also keinen fehlerhaften häufigsten Zug; es gibt aber einige weniger häufige Fehlzüge wie 16...♘e7? oder 11...fxe4? oder 10...♗g7 nebst 11...♘e7? und 14...♗xf5?, die dem Weißen Chancen auf Vorteil geben.

♔ ♔ ♔ ♔ ♔

W4 Mit Weiß gegen Sizilianisch – klassische Variante (mit Sc6 und d6)

1.e4 c5 2.♘f3 ♘c6 3.d4 cxd4 4.♘xd4 ♘f6 5.♘c3 d6

Diese Stellung wird häufig auch durch die Zugumstellung 2...d6 und 5...♘c6 erreicht.

6.♗g5

Der dadurch eingeleitete Richter–Rauser–Angriff wird am häufigsten gewählt und auch von Stockfish für das Beste gehalten. Ich selbst habe diese Eröffnung aber eher zu vermeiden versucht, da sie mir einerseits als sehr solide für Schwarz erscheint, andererseits aber auch als undurchschaubar – einerseits wegen der Problematik um das Zugpaar ♗xf6 gxf6 und andererseits, weil der etwaige Gewinn des Bauern d6 oft keinen wirklichen Vorteil bedeutet. Dazu passt auch, dass ich praktisch keine häufig vorkommenden Fehler gefunden habe. Hier und im Folgenden spielt Schwarz stets den häufigsten Zug.

6...e6 7.♕d2 a6 8.0–0–0

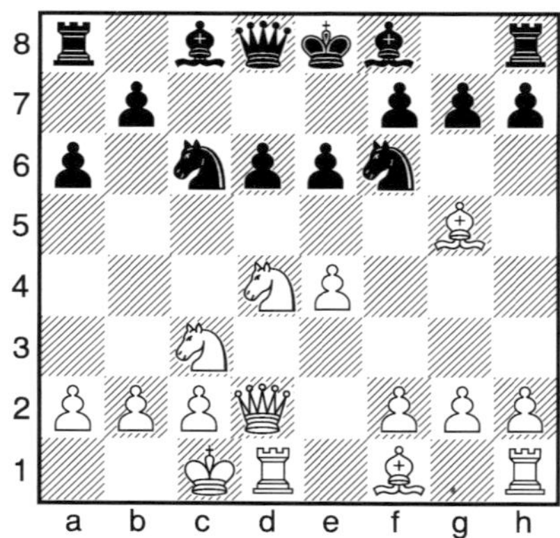

8...♗d7

Nach dem zweithäufigsten Zug **8...h6** muss Weiß nicht dem nach 9.♗h4 ♘xe4 verlorenen Bauern hinterherlaufen, sondern kann durch 9.♘xc6 bxc6 10.♗f4 d5 11.♕e3 eine angenehme Stellung erreichen und nach der schwarzen Rochade mit h4 und g4 angreifen.

Eine der wenigen Fehlermöglichkeiten kann sich nach dem dritthäufigsten Zug **8...♗e7** ergeben, wenn Schwarz nach 9.f4 ♕c7 10.♗e2 mit 10...b5? danebengreift und nach 11.♘xc6 ♕xc6 12.e5 b4 13.exf6 bxc3 14.♕d4 verloren ist (+2.0), da ihm in Kürze zwei Bauern fehlen werden. Aber 10...b5? hat nur eine Häufigkeit von etwas über 10% und 8...♗e7 sogar nur von 5%. Dennoch geschah in einer meiner drei Partien mit der Diagrammstellung der Fehler 10...b5?.

9.f4 b5

Statt dessen ist wieder **9...h6** die zweithäufigste Fortsetzung. Allerdings sieht das Thema des verlorenen Bauern e4 hier günstiger für Weiß aus. Denn nach 10.♗h4 ♘xe4 hat er die Antwort 11.♕e1 mit der Folge 11...♘f6 12.♘f5.

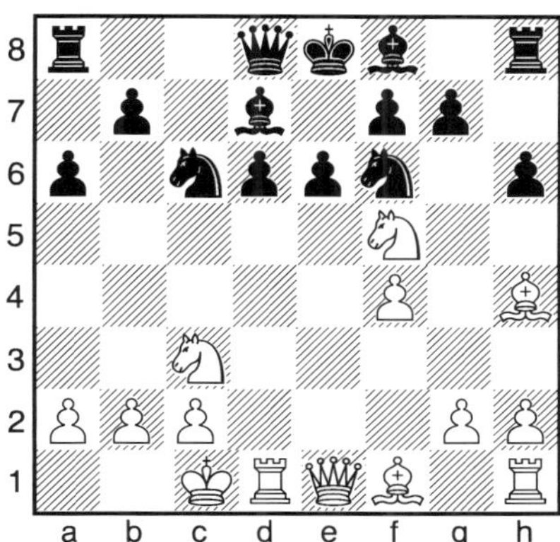

Darauf gibt Schwarz am besten den Bauern durch 12...♕a5 13.♘xd6+ zurück.

Denn nach 12...♕c7? 13.♗xf6 gxf6 14.♘d5 ♕d8 kann er sich nicht mehr rühren (+1.5), und Weiß kann laut Stockfish in aller Ruhe mit ♕e3, ♗e2, ♗h5, ♖he1, ♕f3, ♖e3, ♗xf7 eine Gewinnstellung aufbauen. Aber obwohl der Zug 12...♕c7? sehr naheliegend erscheint, wurde er doch nur sehr selten gespielt.

10.♗xf6 gxf6 11.♔b1 ♕b6 12.♘xc6 ♗xc6 13.♕e1

Bis hierher spielte auch Weiß stets den häufigsten Zug, aber hier ist 13.f5 ein wenig häufiger.

13...♖a7

So entkräftet Schwarz die Drohung 14.♘d5 wegen 14...exd5 15.exd5+ ♖e7 und hält sich im Gegensatz zu 13...♗e7 die Möglichkeit ♗f8–h6 offen.

14.♗d3 ♕c5 15.♕h4 ♗e7 16.f5

Für die letzten fünf Halbzüge ist auch die Zugumstellung 14.f5 ♕c5 15.♕h4 ♗e7 16.♗d3 möglich.

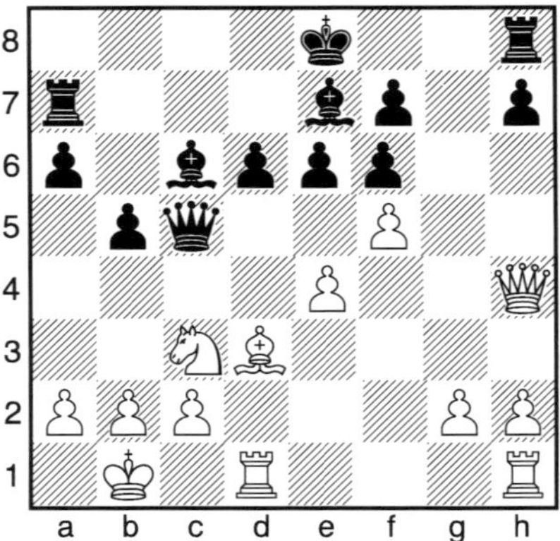

16...a5?

Dies ist der häufigste Zug (bei nur noch rund einem Dutzend Partien), aber Stockfish hält ihn für einen Fehler (+1.5) wegen 17.e5 fxe5 18.♕h6! b4 19.♘e4 ♗xe4 20.♗xe4, wonach man ahnt, dass die offene Königsstellung das Hauptproblem des Schwarzen ist. Als besser empfiehlt Stockfish 16...b4 17.♘e2 e5 mit +0.8.

Die hier gezeigten Fehlermöglichkeiten sind selten und komplex und lassen die Varianten-Vielfalt des Richter-Rauser-Angriffs als nicht gerade attraktiv für Weiß erscheinen. Allerdings gilt das wohl auch für Schwarz.

♔ ♔ ♔ ♔ ♔

W5 Mit Weiß gegen Sizilianisch – der beschleunigte Drache

1.e4 c5 2.♘f3 ♘c6 3.d4 cxd4 4.♘xd4 g6 5.♘c3 ♗g7 6.♘b3

Dieser vergleichsweise seltene Zug vermeidet Figurenabtausch, der Schwarz das Erreichen einer ausgeglichenen Stellung erleichtern würde. Außerdem kommt man so zu einem ähnlichen Aufbau wie auch im Schwarzrepertoire gegen Englisch, wo der Königsspringer früh auf b6 Stellung bezieht.

6...♘f6 7.g4

Das ist ein seltener aber sehr scharfer Zug, der hier nicht ganz so gut funktioniert wie mit vertauschten Farben gegen Englisch, weil dort der Gegner schon rochiert hat. Dennoch ergeben sich gute praktische Chancen, wie die Performance von rund 70% bei den Datenbankpartien belegt. Je nachdem, ob Schwarz nun 7...d6 wählt (in 70% der Fälle) oder den scharfen Gegenschlag 7...d5 (in 20%), entstehen zwei grundsätzlich verschiedene Varianten. Gegen mich wurden beide Züge gleich oft gespielt, nämlich je dreimal.

a) 7...d6 8.g5 ♘d7 9.h4

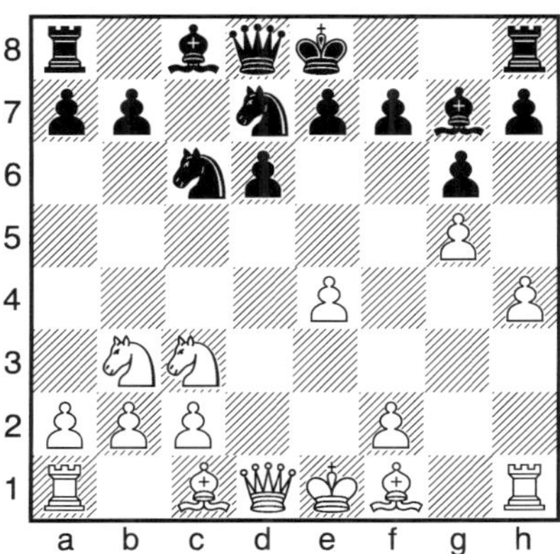

Dies sind die jeweils häufigsten Züge (seit 7.g4). Nun hat Schwarz einige Züge zur Auswahl, die ähnlich häufig sind: ♘b6, ♘c5, a5 und h5.

Schwächer ist 9...♘de5? 10.♗e2 +1.0.

Einen kleinen Häufigkeitsvorsprung hat 9...♘b6 mit der Folge 10.h5 ♗e6 11.♘d5, wonach ich nur noch zwei Partien gefunden habe. Stockfish bewertet die Stellung mit +0.9, hätte aber statt 10...♗e6 lieber 10...0–0 gezogen, was jedoch riskant erscheinen mag und auch in keiner Partie vorkam.

Gegen mich wurde zweimal 9...h5 gespielt, was mir ziemliche Schwierigkeiten bereitete, weil ich nicht gut genug fortsetzte. Daher mache ich 9...h5 zur Hauptvariante.

9...h5 10.gxh6 ♗xh6 11.♗xh6 ♖xh6 12.♕d2 ♖h8 13.0–0–0 ♘f6

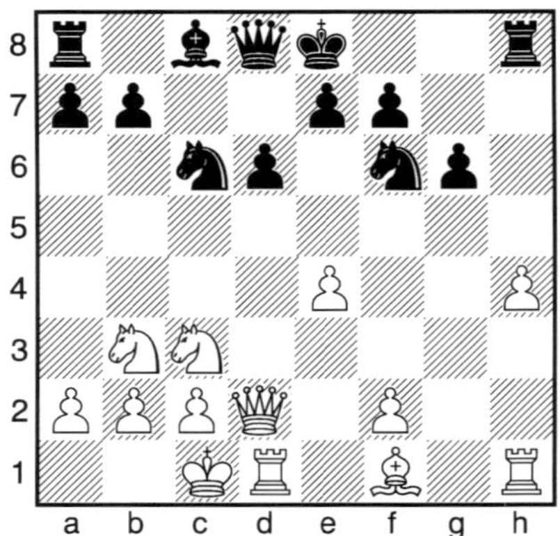

Soweit liegen die Züge auf der Hand. Stockfish bewertet die Stellung mit +1.0, hätte aber lieber 10...♗xc3+ gespielt. Mit dem folgenden unscheinbaren Zug legt Weiß den Grundstein zum Erfolg. Partien damit gibt es noch nicht. Die folgenden Züge sollen nur die Probleme zeigen, mit denen Schwarz zu kämpfen hat:

14.♖e1! ♗e6 15.♘d5 ♘h5 16.♔b1 ♕d7? 17.♗b5 0–0–0 (Schwarz kann ja nur noch lang rochieren und 17...a6? 18.♘b6 ist +–.) 18.♘a5 ♔b8 19.♖e3 +–.

Insgesamt entstehen Stellungen, die nicht leicht zu behandeln sind, aber die größeren Probleme ergeben sich eher für Schwarz.

b) 7...d5 8.exd5 ♘b4

So hofft Schwarz, den Bauern zurückzugewinnen.

9.♗b5+ ♔f8

Nur in einer Handvoll Partien wurde die Alternative 9...♗d7 gewählt. Nach den Zügen 10.g5 ♘h5 11.a3 ♗xb5 12.♘xb5 darf Schwarz den Bauern d5 noch nicht nehmen, denn nach 12...♘xd5? 13.♕xd5 ♕xd5 14.♘c7+ wäre er verloren. Stockfish hält 12...♘a6 13.c4 = für ausgeglichen, während er 11...♘a6? 12.♗e2 mit +1.0 bewertet.

10.f3! ♘fxd5?

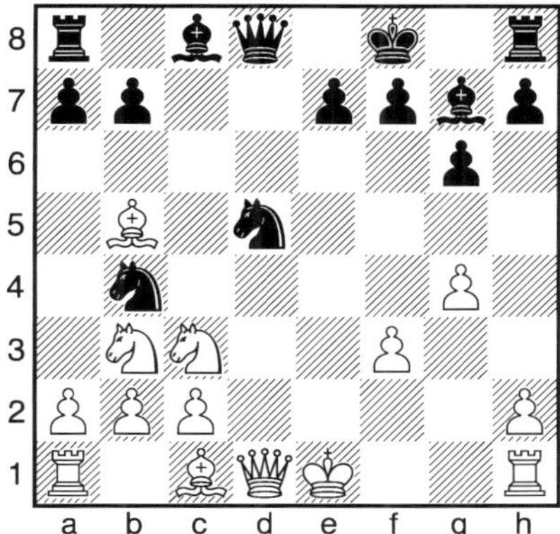

Auch hier ist das Schlagen des Bauern ein Fehler, der in einer der drei verbliebenen Partien gemacht wurde. Mit 10...♕d6 11.♗c4 kann Schwarz unter Verzicht auf den Bauern angesichts der schlechten gegnerischen Königsstellung Kompensation finden. Auch das zweimal gespielte 10...a6 11.♗e2 gibt Weiß nur geringen Vorteil.

11.a3 ♘xc2+!

Schwächer ist 11...♗xc3? 12.bxc3 ♘c6 13.♗xc6! bc 14.c4 +2.0 bzw. 11...♗e6? 12.axb4 ♘xc3 13.bxc3 ♗xc3+? 14.♗d2 +–.

Aber mit 11...♘xc2+ gibt es noch keine Partien. Die folgende Stockfish-Variante zeigt, dass Weiß seinen Vorteil nur durch eine Reihe einziger Züge sichern kann: 12.♕xc2 h5 13.g5 ♘xc3 14.bxc3 ♗f5 15.♕d2 ♕b6 16.♘d4 ♖d8 17.♗d3 ♗xd3 18.♕xd3 e5 19.♖b1 ♕d6 20.♘e6+ +1.5.

Zusammenfassend kann man sagen, dass nach 7...d5 schwer einzuschätzende Stellungen entstehen, in denen beide Seiten leicht Fehler machen können. Aber angesichts einer Performance von circa 70% dürfte Weiß die besseren Chancen haben.

♔ ♔ ♔ ♔ ♔

W6 Mit Weiß gegen Sizilianisch – Kalaschnikow

1.e4 c5 2.♘f3 ♘c6 3.d4 cxd4 4.♘xd4 e5

Diese beschleunigte Sweschnikow–Variante trägt in Analogie zu dem russischen Schnellfeuergewehr den Namen Kalaschnikow. Die folgende Hauptvariante besteht aus den beiderseits häufigsten Zügen. Ein Übergang in die Sweschnikow–Variante W3 ist zu Beginn öfters möglich, sofern Schwarz ♘g8–f6 zieht.

5.♘b5 d6

Dies wird in 70% der Fälle gespielt. In 25% spielt Schwarz gleich 5...a6 und lässt damit 6.♘d6+ zu, was bei Sweschnikow nur in weniger als 1% der Fälle geschieht. Auch der direkte Übergang 5...♘f6 6.♘c3 ist eine Seltenheit.

6.♘1c3 a6 7.♘a3 b5 8.♘d5 ♘ge7

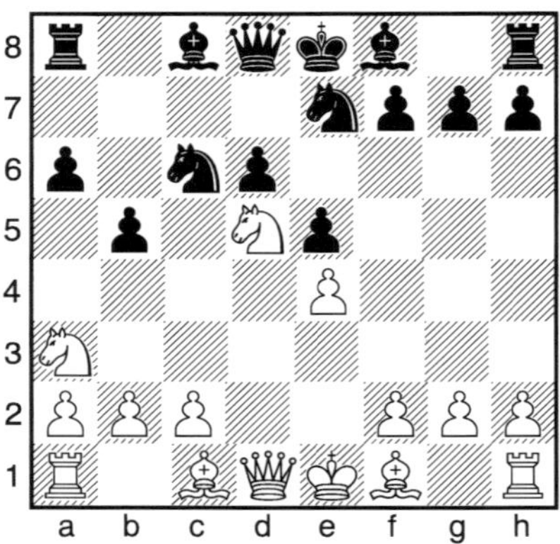

Dies ist der häufigste Zug, aber mit nur 36% Häufigkeit, gefolgt von 8...♘f6 mit 29% und 8...♘ce7 mit 24%. Stockfish 15 hält 8...♘f6 für deutlich besser als alles andere. Andere Engines sehen das nicht so.

Nach **8...♘f6** 9.♗g5 ergibt sich kein Übergang zu W3, weil dort ♗g5xf6 schon *vor* ♘c3–d5 gezogen wird. Aber man erreicht eine andere häufige Sweschnikow–Variante (und zwar die ohne den Doppelbauern auf der f–Linie). Außer 9.♗g5 ist auch 9.c4 gut spielbar – verbunden mit der 10%–Fehlermöglichkeit 9...♘xe4? 10.cxb5 ♘d4 11.b6 (+1.5) 11...♘e6? 12.♕a4+ +–.

Auch nach **8...♘ce7** ist 9.c4 der Hauptzug mit der Fortsetzung 9...♘xd5 10.exd5 bxc4 10.♘xc4 und geringem Vorteil für Weiß.

Die Hauptvariante geht weiter mit

9.c4 ♘d4

mit 70% Häufigkeit. In 26% der Partien wird 9...♘xd5 gezogen, was aber nach 10.exd5 ♘d4 11.cxb5 wieder zur Hauptvariante führt.

10.cxb5 ♘xd5 11.exd5 ♗e7

Stockfish 15 bevorzugt 11...♗d7, was aber weniger als halb so häufig gespielt wurde, oder 11...g6, was nur zu 5% gespielt wurde.

12.♗d3 0–0 13.0–0 f5?

Stockfish zieht 11...♗g5 +0.9 vor, was nur in einer von über sechzig Partien gespielt wurde.

14.bxa6 f4 15.♘c2 +1.5

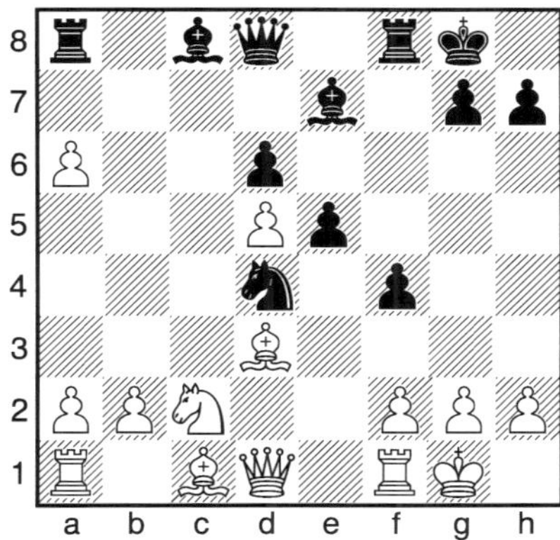

Nach diesen häufigsten Zügen gibt es nur noch ein Dutzend Partien, die sich auf die Züge 15...♘f5, 15...♕b6 und 15...f3 verteilen. Stockfish hält 15...♘xc2 für das Beste, aber mit +1.5 oder mehr. Doch das Dutzend Partien hat nur eine ausgeglichene Performance von 50%. Ich probierte diese Variante in einem Klubturnier, und der Gegner spielte 14...♗xa6 15.♗xa6 ♖xa6 16.♗e3 ♖a5? +1.8 und war nach einem weiteren Fehler rasch verloren. Seither ist diese Hauptvariante mit 6.♘1c3 auch in meinem Repertoire.

♔ ♔ ♔ ♔ ♔

W7 Mit Weiß gegen Sizilianisch – Paulsen, Taimanow, Scheveninger

1.e4 c5 2.♘f3 e6 3.d4 cxd4 4.♘xd4

Dieser offene Sizilianer mit 2...e6 ist die übliche Einleitung von drei Varianten, der Paulsen–Variante 4...a6 (siehe a), der Taimanow–Variante 4...♘c6 (siehe b) und der Scheveninger Variante 4...♘f6 (siehe c). Sie sind eng miteinander verwandt, und es gibt unter ihnen viele Übergänge. Für alle drei Varianten beinhaltet der Repertoire–vorschlag die Fianchettierung des weißen Königsläufers. Wenn Weiß die hier empfohlene Zugfolge wählt, kann in allen drei Varianten nach 10 bis 14 Zügen die gleiche Stellung erreicht werden, wobei Schwarz zwischen zahlreichen Zugumstel–lungen zu wählen hat. Daher ist die hier empfohlene Zugfolge von Weiß sehr zeitsparend und einprägsam.

a) Paulsen–Variante mit 6.g3

4...a6 5.♘c3 ♕c7 6.g3

Die Flankenentwicklung des ♗f1 charakterisiert das hier empfohlene System. Dennoch sei vermerkt, dass auch die andere häufig gewählte Entwicklung des ♗f1 nach e2 zu ähnlichen wie den hier besprochenen Varianten führen kann, wenn der Läufer später über f3 nach g2 geführt wird (nach vorherigem g2–g4).

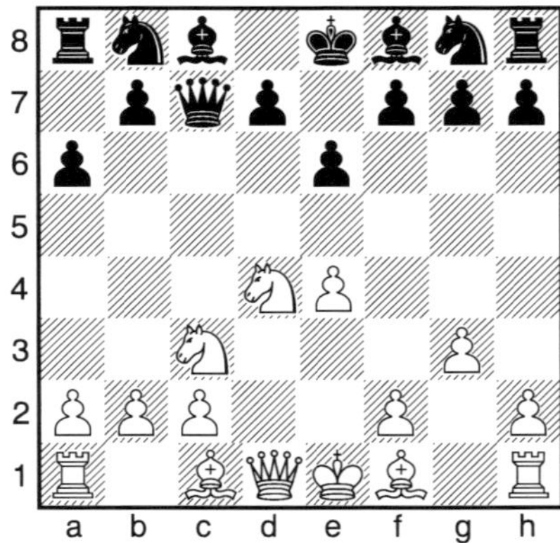

6...♘f6

Etwa ebenso häufig ist 6...♗b4, was nach 7.♗d2 ♘f6 8.♗g2 ♘c6 9.♘b3 ♗e7 (Schwarz tauscht in aller Regel seinen guten Läufer nicht gegen den ♘c3) doch wieder in die gleichen Bahnen führt wie die Hauptvariante; allerdings hat Weiß den Zug ♗c1–d2 zusätzlich, was aber keinen Vorteil bringt.

Ganz andere Stellungsbilder ergeben sich, wenn Schwarz den etwa halb so häufigen Zug 6...b5 wählt, siehe Variante W8.

7.♗g2 ♗e7 8.0–0 0–0 9.a4 (um b7–b5–b4 zu erschweren) **♘c6 10.♘b3**

Dieser Zug ist eine Voraussetzung für den folgenden „Bajonettangriff" durch f2–f4 und g3–g4–g5, denn auf sofortiges 10.f4? folgt 10...♘xd4 11.♕xd4? ♗c5 –+.

10...d6

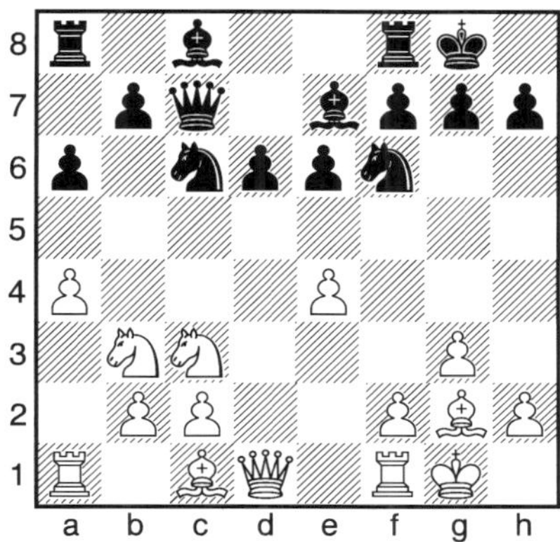

Diese Stellung wird auch über die unten angegebenen Varianten b) (Taimanow) und c) (Scheveninger) erreicht, wenn Schwarz stets den häufigsten Zug spielt. Aber Schwarz hat in allen drei Varianten sehr viele Zugumstellungs–Möglichkeiten, wobei sich der Übergang zu einer der hier angegebenen Varianten dann auch später ergeben kann.

11.f4 b6 12.g4 ♗b7 13.g5 ♘d7 14.♗e3 ♖fe8

Dieser häufig gespielte Zug ermöglicht die Deckung von h7 durch ♘f8 sowie die Umstellung des Läufers von e7 nach g7 (nach vorherigem g7–g6). Außerdem kann der ♖e8 von einer eventuellen Öffnung der e–Linie (nach f4–f5, exf5) profitieren. Die Stellung nach ♖e8 wurde in ca. 50 Datenbankpartien erreicht. Wie auch sonst spielt Schwarz in dieser Variante ab 3...cxd4 immer den jeweils häufigsten Zug.

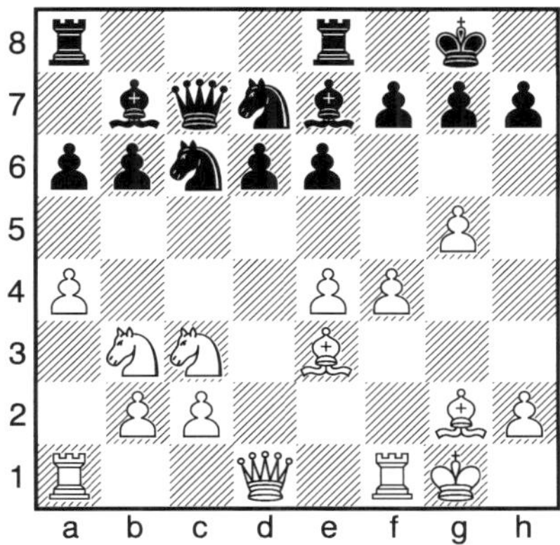

15.♖f3 ♗f8 16.♖h3 g6 17.♕e1 ♗g7 18.♕h4

Diese Stellung kann z.B. auch durch 15.♕h5 g6 16.♕h4 ♗f8 17.♖f3 ♗g7 18.♖h3 erreicht werden.

18...♘f8 19.f5

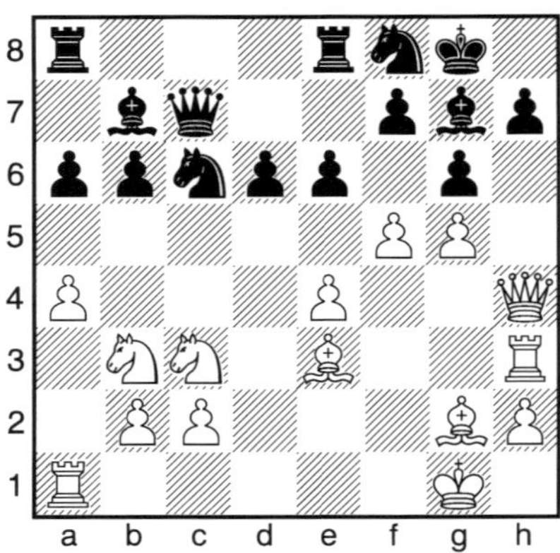

♗xc3?

Schwarz will den Läufer nicht durch f5–f6 einsperren lassen.

20.f6 (Trotzdem!!) **20...h5 21.♗f3** +–

Denn Schwarz ist gegen den nach ♗xh5 folgenden Mattangriff machtlos. Diese Variante wurde in zwei Datenbankpartien gespielt, z.B. in Kosteniuk – Hou Yifan, 2012. Auch zwei weitere Partien, in denen Schwarz 19...♘e5 spielte, wurden nach 20.f6 ♗h8 21.♖f1 rasch von Weiß gewonnen.

b) Taimanow–Variante mit 6.g3

4...♘c6 5.♘c3 ♕c7 6.g3 a6 7.♗g2 ♘f6 8.0–0 ♗e7 9.a4 0–0

Da Schwarz ab 5...♕c7 immer den jeweils häufigsten Zug gespielt hat, wurde dieselbe Stellung wie in der Paulsen–Variante erreicht. Wenn Schwarz z.B. die kurze Rochade noch länger aufschiebt, wird der Übergang zur Paulsen–Variante meist dennoch zu einem späteren Zeitpunkt erreicht, in der Regel vor dem 15. Zug.

c) Scheveninger Variante mit 6.g3

4...♘f6 5.♘c3 d6

Im Falle von 5...♘c6 ist mit 6.♘db5 d6 7.♗f4 e5 8.♗g5 der Übergang zu Sweschnikow (nach 7.♗g5 und somit einen Zug früher) möglich.

6.g3 ♗e7 7.♗g2 0–0 8.0–0 a6 9.a4 ♕c7 10.♘b3 ♘c6

Somit wurde ebenfalls dieselbe Stellung wie in der Paulsen–Variante erreicht, wobei Schwarz ab 5...d6 wieder den jeweils häufigsten Zug gespielt hat.

Zusammenfassend ist festzuhalten:

Die drei Hauptvarianten Paulsen, Taimanow und Scheveninger beinhalten eine verwirrend erscheinende Vielfalt an Nebenvarianten, Zugumstellungen usw. Aber Weiß kann trotzdem durch den hier empfohlenen Aufbau mit den Zügen 5.♘c3, 6.g3, 7.♗g2, 8.0–0, 9.a4, 10.♘b3 ohne Nachteil eine stets gleiche Zugreihenfolge einhalten und es dem Schwarzen überlassen, sich Gedanken über seine beste Zugfolge zu machen. In den meisten Partien wird dann um den 10. Zug herum eine Stellung aus der hier dargestellten Paulsen–Variante erreicht. Der dann beginnende Bajonett–Angriff ist nach meiner Erfahrung chancenreich. Manche Gegner bekommen Angst um ihren König und neigen dann zu zusätzlich schwächenden Zügen wie f7–f5, wodurch die Gewinnführung meist noch erleichtert wird.

♔ ♔ ♔ ♔ ♔

W8 Mit Weiß gegen Sizilianisch – Paulsen mit 6...b5

1.e4 c5 2.♘f3 e6 3.d4 cxd4 4.♘xd4 a6 5.♘c3 ♕c7 6.g3 b5?

Dieser normal aussehende Zug wird etwa halb so häufig gespielt wie 6...♘f6 oder 6...♗b4 und ist auch mir viermal begegnet. Obwohl er nach drei weiteren normal aussehenden und am häufigsten gespielten Zügen von Schwarz direkt zu einer verlorenen Stellung führt, kommt er trotzdem in allen Stärkeklassen immer wieder vor.

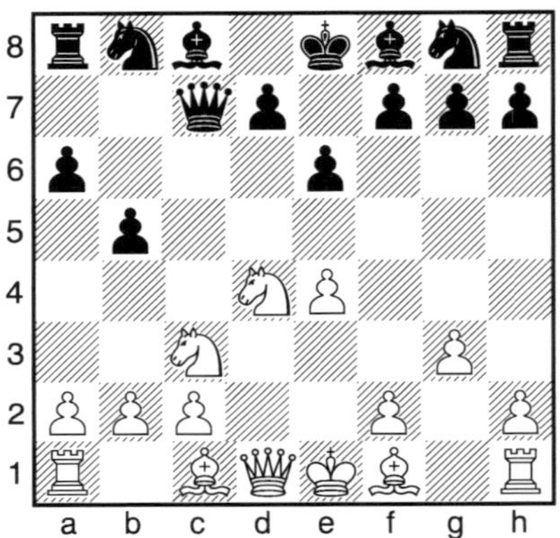

7.♗g2 ♗b7 8.0–0 ♘f6?

Hier springt die Stockfish-Bewertung schon von +0.8 auf +1.6. Das bessere 8...♘c6 erweist sich nach der natürlichen Folge 9.♖e1 d6? 10.♘d5! (+2.0) nicht wirklich als besser. Nur 9...♘xd4 gibt dem Schwarzen bessere Überlebenschancen.

9.♖e1 d6

Dies wird in 80% der Fälle gespielt, nicht zuletzt wegen der Drohung e4–e5. Nun will Stockfish sofort 10.♘d5 ziehen (mit einer Bewertung zwischen +2.0 und +4.0), aber nur in 10% der rund 200 Datenbank-Partien wurde so fortgesetzt. In der überwiegenden Mehrzahl wurde zuvor 10.a4 gespielt. Das ist durchaus gerechtfertigt, weil in diesen Partien 10.a4 nur entweder mit 10...bxa4 oder mit 10...b4 beantwortet wurde, während Stockfish lieber mit 10...♗e7 einen Damenflügel-Bauern verloren gibt.

Aber wer als Schwarzer hier landet, ahnt vermutlich nicht, wie schlecht er objektiv schon steht, und hofft noch auf Ausgleich. Die Performance spricht klar für Weiß: Mit 10.a4 liegt sie bei 80%, mit 10.♘d5 etwas niedriger, was aber bei nur zwei Dutzend Partien nicht sehr aussagekräftig ist.

Im Falle von 10.a4 sind die beiden Antworten 10...bxa4 und 10...b4 in etwa gleich häufig, und der 10.a4-Anwender muss sich zwei unterschiedliche Gewinnwege merken. Daher ist es für den Klubspieler ökonomischer, sich nur den Weg nach einem einzigen Zug zu merken, nämlich den nach

10.♘d5.

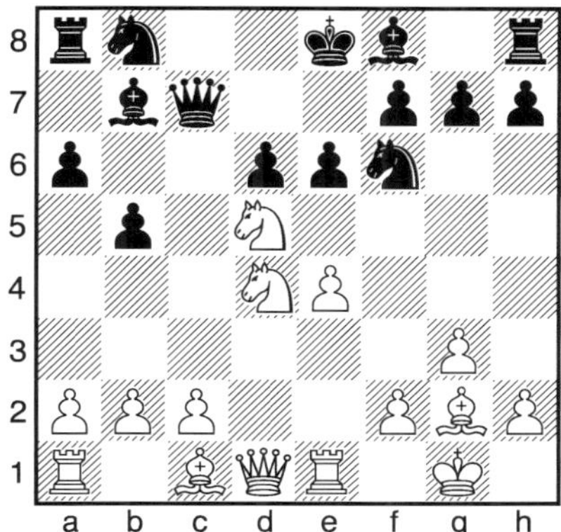

Dieses Springeropfer wurde in einer deutlichen Mehrzahl der rund zwei Dutzend Partien angenommen. Stockfish hält aber die Ablehnung für besser; auch die beiden Gegner, gegen die ich das Springeropfer (nach 10.a4) spielte, lehnten es ab. Die wenigen (5) Datenbankpartien wurden mit 10...♘xd5 11.exd5 e5 12.f4 fortgesetzt, und nun gibt es je zwei Partien mit 12...♘d7 bzw. mit 12...g6.

Im letzteren Fall ist es schnell aus, wenn Weiß nach 13.fxe5 dxe5 den Zug 14.♖xe5+!! findet, z. B. 14...♕xe5 15.♗f4 ♕f6 16.♕e2+ ♗e7 17.♗e5 +–.

Hingegen ist nach 12...♘d7 13.♘c6 ♗xc6 14.dxc6 das Ende nicht so klar und einfach wie man es bei einer Bewertung von +2.5 oder höher erwartet.

Bei Annahme des Springeropfers steigt die Stockfish–Bewertung auf über +3.0, wobei die Mehrzahl der Partien in etwa wie folgt fortgesetzt wurde:

10...exd5 11.exd5+ ♔d8 12.♗g5 ♘bd7

12...♗e7? scheitert an 13.♘f5 ♘g8 14.♕d4 +–.

13.♘c6+ ♗xc6 14.dxc6 ♘c5 15.♗e3,

und meist musste Weiß noch länger kämpfen, bis der Gegner aufgab. Aber die Performance von 80% zu seinen Gunsten für die Stellung nach 10.♘d5 (ebenso bei Einschub von 10.a4) zeigt, dass die Bewertung von über +3.0 wohlbegründet ist.

Fazit: Bei Annahme des Springeropfers muss der ♔e8 nach d8 ausweichen und ist ohne schützende Bauernkette. Die weißen Figuren müssen nur noch den Weg zu ihm auf dem Damenflügel freikämpfen. Lehnt Schwarz das Springeropfer ab, sucht Weiß den Weg über die e–Linie und hat in jedem Fall die chancenreichere Position.

♔ ♔ ♔ ♔ ♔

W9 Mit Weiß gegen 1.e4 e5 – Vierspringerspiel mit 4.♗b5 d6, Teil A

1.e4 e5 2.♘f3 ♘c6 3.♘c3

Wer den zahlreichen tief ausgearbeiteten Varianten der Spanischen Eröffnung 3.♗b5 entgehen will, findet im Vierspringerspiel eine Möglichkeit, eher taktische als positionelle Stellungen aufs Brett zu bekommen. Da die Spanische Eröffnung in der Praxis etwa die Hälfte aller offenen Partien stellt, muss diese Rolle dann vom Vierspringerspiel übernommen werden, und entsprechend wird dieses im Folgenden ziemlich detailliert behandelt.

3...♘f6

Dies wird in drei Viertel aller Partien gespielt. 3...♗c5 siehe Variante W16.

4.♗b5

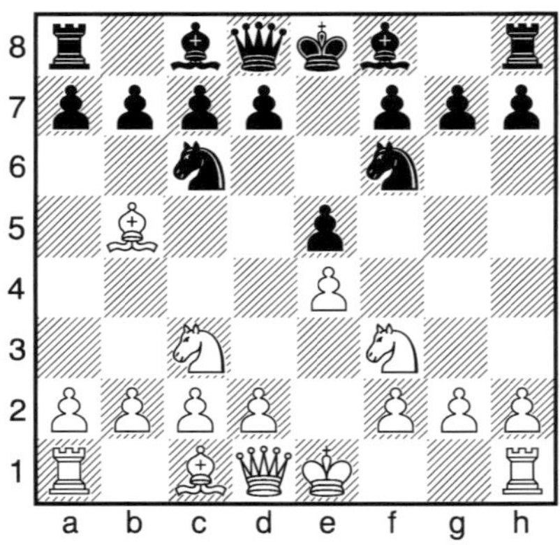

Das ist die Ausgangsstellung des Spanischen Vierspringerspiels. Die häufigsten Antworten sind 4...♗b4, 4...d6, 4...♘d4, 4...♗c5 und 4...a6. Diese werden in den Varianten W9 bis W15 behandelt. Obwohl in den Datenbanken der Zug 4...♗b4 klar überwiegt, war es in meiner Turnierpraxis anders: Hier überwog 4...d6 mit 22 Partien gegenüber 4...♗b4 mit 10 Partien, d. h. Klubspieler scheinen sich hier anders zu entscheiden als stärkere Spieler.

4...d6 5.d4 exd4

Zu 5...♗d7 siehe Variante W10.

6.♘xd4 ♗d7 7.♗xc6!

Dies hat eine bessere Performance und Computerbewertung als das doppelt so häufige 7.0–0.

7...bxc6

Dies ist mit 80% viel häufiger als **7...♗xc6**, was Stockfish ebenfalls mit 8.♕f3 beantwortet, wozu es aber kaum Partien gibt. Erwähnenswert sind die Fortsetzungen 8...♕e7 9.0–0 g6? 10.♘xc6 bxc6 11.♗g5 ♗g7 12.e5 +– und 8...♗e7 9.♘xc6 bxc6 10.e5 dxe5 11.♕xc6+ mit Übergang zur nachfolgenden für Weiß vorteilhaften Untervariante b).

8.♕f3

Dies hält Stockfish für besser als das häufigere 8.0–0.

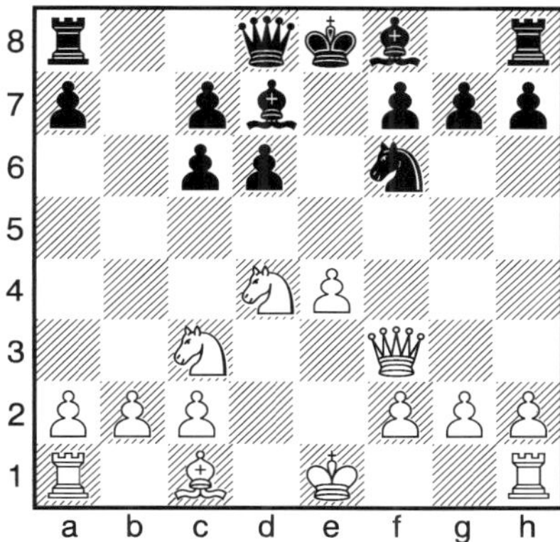

Schwarz hat bisher (seit 4...d6) den jeweils häufigsten Zug gespielt. An dieser Stelle ist 8...c5 mit über 50% der klar häufigste Zug vor 8...♗e7 mit knapp 20%. Gegen mich wurde 8...c5 viermal und 8...♗e7 dreimal gespielt. Beide Züge werden nun näher betrachtet:

a) 8...c5 9.♘f5 ♗xf5 10.exf5 ♗e7

Auf das ebenso häufige 10...♖b8 kann Weiß laut Stockfish ebenfalls mit 11.g4 fortfahren oder 11.b3 einschieben.

11.g4! ♘d7

Für das nun folgende 12.g5 gibt es noch keine Partiebeispiele, aber die angegebenen Züge zeigen, dass Schwarz sehr genau spielen muss, um Nachteil zu vermeiden.

12.g5

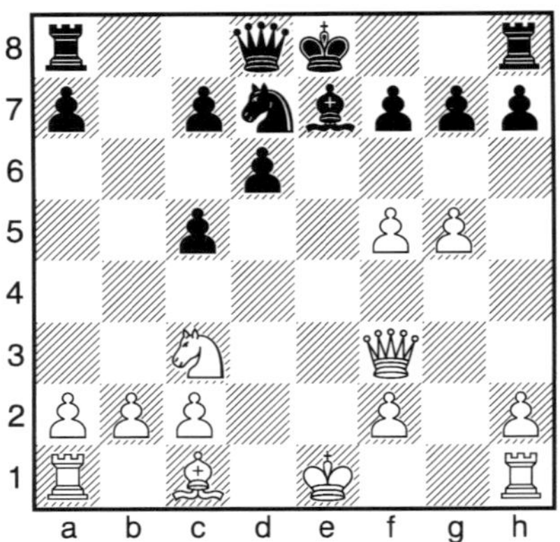

12...♘e5?

(12...♗xg5? 13.♗xg5 ♕xg5? 14.♕xa8 +–)

13.♕g2 ♖b8 14.f4 ♘c4? 15.♕e2 ♘xb2 16.f6 +2.5

b) 8...♗e7 9.e5 dxe5 (9...♘d5! +0.6) **10.♘xc6 ♗xc6 11.♕xc6+ ♘d7?** (besser 11...♔f8! 12.0–0 +1.0) **12.♗e3 0–0 13.0–0–0 ♗d6 14.♘b5** +2.0

Das sind beiderseits die jeweils häufigsten Züge (außer 8...♗e7), aber die Anzahl der Partien hat sich schon stark reduziert und teilt sich nun nochmal auf:

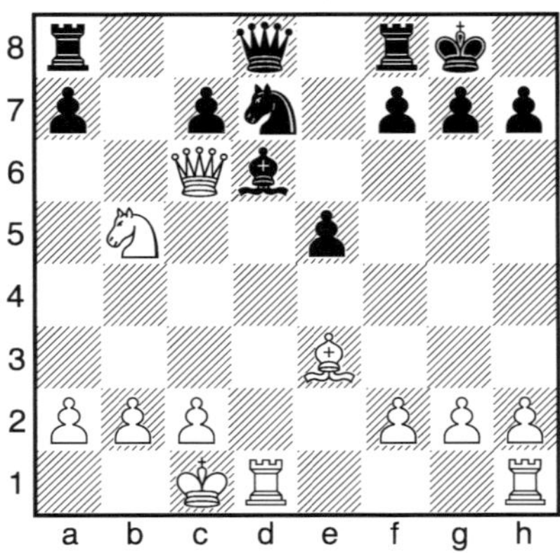

b1) 14...♘b6? 15.c4 ♕d7 16.♕xd7 ♘xd7 17.♘xc7 +3.0 (17...♖ac8? 18.♘b5 +–)

b2) 14...♘f6 15.♘xd6 cxd6 16.♖xd6 ♕a5 17.♖hd1! ♕xa2 18.♕a6 +2.0

b3) 14...♕e7? 15.♘xc7! ♖ac8 16.♖xd6 ♘b8 17.♘d5 +2.5

Fazit: Nach 8...c5 erhält Weiß starken Königsangriff, nach 8...♗e7 eine Majorität von zwei verbundenen Bauern am Damenflügel. Mit den Untervarianten b1) und b3) hatte ich je eine Partie.

♔ ♔ ♔ ♔ ♔

W10 Mit Weiß gegen 1.e4 e5 – Vierspringerspiel mit 4.♗b5 d6, Teil B

1.e4 e5 2.♘f3 ♘c6 3.♘c3 ♘f6 4.♗b5 d6 5.d4 ♗d7

Dies ist etwa halb so häufig wie der Hauptzug 5...exd4, siehe W9, und deckt den Bauern e5 indirekt.

6.♗xc6 ♗xc6

Denn nun bringt 7.dxe5 dxe5 8.♕xd8+ ♖xd8 9.♘xe5 ♗xe4 Weiß nichts.

7.♕d3

Dies deckt e4 und greift so e5 indirekt erneut an.

7...♕e7?

In etwa 20% der Fälle versucht Schwarz, auf diese Weise den Stützpunkt e5 zu halten. Dies wurde auch zweimal gegen mich gespielt. Besser und viel häufiger ist 7...exd4 8.♘xd4 mit einer Bauernstruktur ähnlich wie bei Philidor, siehe W18.

8.♗g5 h6 9.♗xf6 ♕xf6

Während die letzten Züge noch in mehreren Partien gespielt wurden, gibt es jetzt nur noch eine einzige Partie sowie die folgende Fortsetzung von Stockfish:

10.♘d5 ♗xd5

Nach 10...♕d8 ginge auf e5 ein Bauer verloren.

11.exd5

In der einzigen Partie wich Weiß mit dem deutlich schwächeren 11.dxe5 ab. Jetzt ist die kritische Stellung erreicht und Weiß droht ♕b5+.

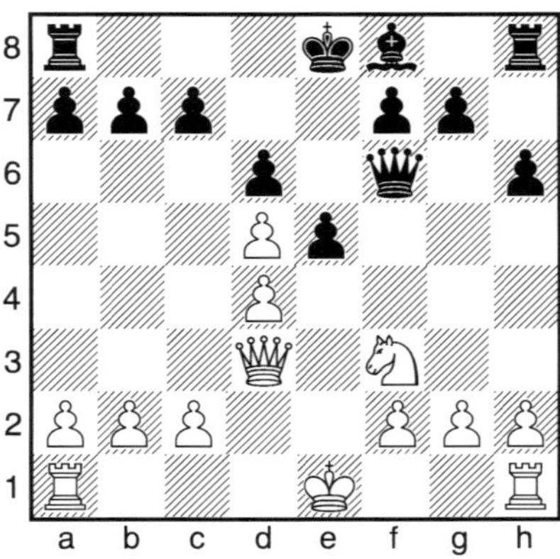

Nun gibt Stockfish mit 11...a6 12.0–0 ♗e7 13.♖fe1 0–0 14.♕c3 ♖ac8 15.dxe5 den Bauern e5 auf. Die als nur geringfügig schlechter bewertete Alternative ist

11...0–0–0 12.0–0 g5 (g6 verläuft weitgehend ähnlich) **13.♖ae1 exd4?**

Versuche, den Bauern e5 zu verteidigen, werden von Stockfish mit einem Vorteil von Weiß über +1.0 bewertet, aber der plausible Textzug wird deutlich schlimmer bestraft.

14.♘xd4 ♗g7

Nun hat Weiß einen attraktiven Gewinnzug:

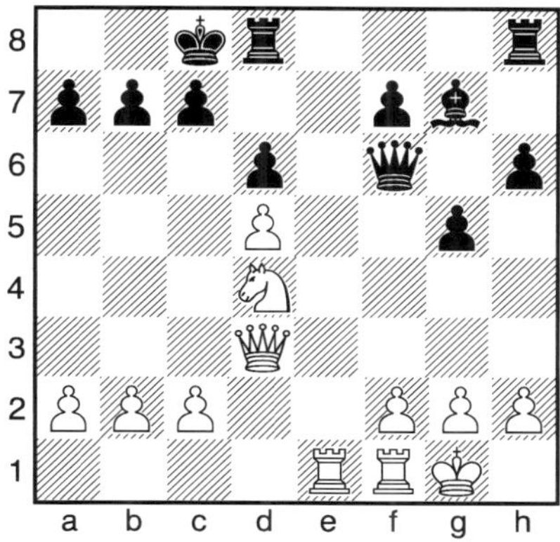

15.♘c6! ♖de8

(15...bxc6 16.♕a6+ ♔b8 17.dxc6 +–)

16.♕h3+ +–

Hätte Schwarz 12...g6 gespielt, könnte er zwar jetzt 16...♕f5 ziehen, aber Weiß gewinnt dann mit 17.♘e7+ die Qualität.

Zum Zeitpunkt meiner beiden eigenen Partien mit 7...♕e7 hatte ich diesen schönen Partieschluss noch nicht entdeckt und bin schon vorher abgewichen. Aber die Stellung nach 7...♕e7 ist ohnehin schon sehr angenehm für Weiß.

♔ ♔ ♔ ♔ ♔

W11 Mit Weiß gegen 1e4 e5 – Vierspringerspiel mit 4.♗b5 ♗b4

1.e4 e5 2.♘f3 ♘c6 3.♘c3 ♘f6 4.♗b5 ♗b4 5.0–0

Nun ist 5...0–0 mit Aufrechterhaltung der Stellungssymmetrie die mit Abstand häufigste Fortsetzung. Stockfish empfiehlt zunächst die ruhige Weiterführung der Symmetrie mit 6.d3 d6 7.♘e2 ♘e7 gefolgt von 8.c3 ♗a5 9.♘g3 c6 10.♗a4 ♘g6 11.d4 ♖e8 12.♗c2 h6 13.h3 ♗e6 14.♗e3 +0.3. Dies vermeidet etwaige Doppelbauern auf der c- oder f-Linie. Ich habe weder in dieser noch in den weiteren Hauptvarianten größere Fehlermöglichkeiten gefunden. Daher behandle ich im Weiteren den zweithäufigsten Zug, zumal er gleich ein Fehler ist.

5...d6?

Als Klubspieler kommt man wohl kaum auf die Idee, dass dieser Zug ein Fehler von der Größenordnung einer Bauerneinheit sein könnte. Gegen mich wurde er in 3 von 10 Partien mit 5.0–0 gespielt. Aber in der Datenbank liegt die Häufigkeit von 5...d6? unter 10%.

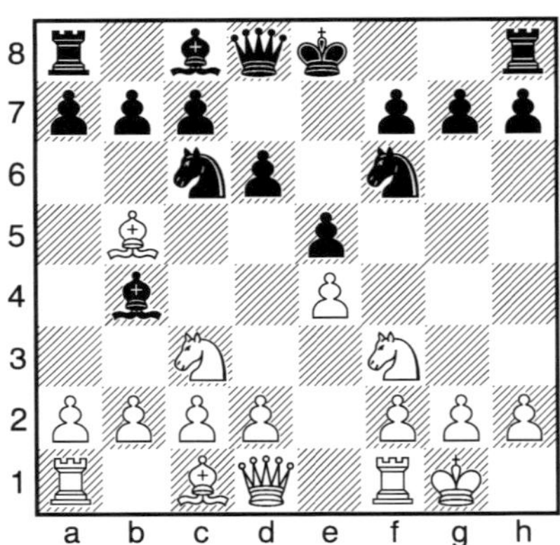

6.♘d5!

Dies wird nur in einem Viertel der Fälle gespielt; häufiger ist 6.d3 mit Ausgleich. Dass 5...d6? ein Fehler ist, ist also weder wohlbekannt noch leicht erkennbar.

6...♗c5?

Dies ist die schwächste (+1.4) aber häufigste der drei Alternativen ♗c5 (60%), ♗a5 (25%) und ♘xd5 (10%). Für die beiden selteneren Züge ergeben sich mit den dann jeweils häufigsten Zügen folgende Fortsetzungen:

- 6...♗a5 7.d4 ♘xe4? (besser 7...a6 8.♗a4 +0.8) 8.b4 ♗b6 9.♖e1 f5 10.♘xb6 +1.7

- 6...♘xd5 7.exd5 a6 8.♗a4 b5 9.dxc6 bxa4 10.c3 ♗a5 11.d4 +1.0

7.d4 exd4 8.b4!

Dieser laut Stockfish stärkste Zug wurde nur in etwas über 10% der Partien gespielt.

8...♗b6 9.♗g5 ♗d7?

Das wurde in der Mehrzahl der wenigen Partien mit dieser Stellung gespielt; Stockfish hält es für deutlich schwächer als 9...a6 10.♗a4 +1.4, was aber nie gespielt wurde.

10.♖e1 +2.5

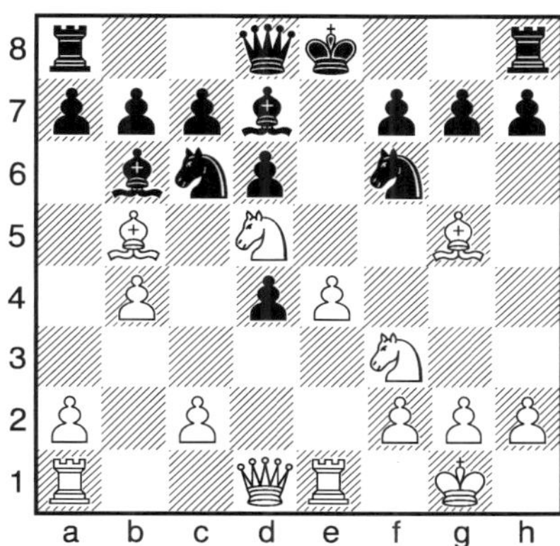

Die drei Partien mit dieser Stellung wurden von Weiß rasch gewonnen:

a) 10...0–0 11.♕d2 a6? 12.♗xf6 gxf6 13.♕h6 1–0

Dieser Kurzschluss zeigt die weiße Hauptidee am klarsten.

b) 10...h6 11.♗h4 ♔f8 12.♘xf6 gxf6 13.♗xc6 bxc6? 14.e5 dxe5 15.♘xe5 ♗e8 16.♘g4 ♕d6 17.♗xf6 1–0

c) 10...♘e5 11.♘xe5 dxe5 12.♗xd7+ ♔xd7 13.♕f3 h6? 14.♘xf6+ ♔d6 15.♗h4 ♖f8 16.♕b3 c6 17.c4 gxf6 18.c5+ +– (1–0 im 25. Zug)

Diese Variante zeigt einen sehr frühen Eröffnungsfehler, der aber nicht leicht auszunutzen ist. Da es außerdem viele mögliche Abweichungen gibt, wird dem Anwender empfohlen, sich die Abspiele bei Bedarf mit einer Engine genauer anzuschauen.

♔ ♔ ♔ ♔ ♔

W12 Mit Weiß gegen 1.e4 e5 – Vierspringerspiel mit 4.♗b5 ♘d4

1.e4 e5 2.♘f3 ♘c6 3.♘c3 ♘f6 4.♗b5 ♘d4

Dieser Zug wurde gegen mich nur fünfmal gespielt, also viel weniger als 4...d6, 4...♗b4 oder 4..♗c5. In den Datenbanken ist er aber der zweithäufigste Zug.

5.♘xe5

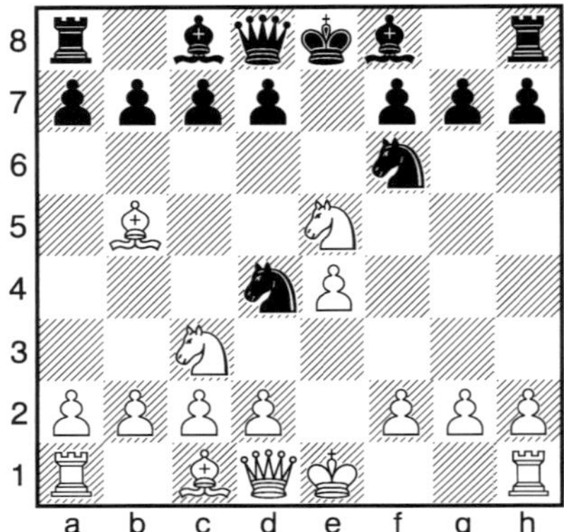

Dieser naheliegende Zug wird nur in 5% der Fälle gespielt, weil er Weiß bei bestem gegnerischen Spiel geringfügig in Nachteil bringt. Da sich aber viele Schwarzspieler nicht auskannten, begingen sie Ungenauigkeiten, die die kleine Schwäche von 5.♘xe5 mehr als wettmachten, was auch durch die Performance von 55% zu Gunsten von Weiß unterstrichen wird. Allerdings handelt es sich insgesamt um relativ wenige Partien, da 5.♘xe5 eben sehr selten gespielt wird.

a) 5...♕e7

Dieser Zug, der in der Hälfte der Partien gespielt wurde, ist nicht nur der beste und häufigste, sondern auch der einzige, der die Schwäche des Zuges 5.♘xe5 ausnutzt. Der zweithäufigste Zug 5...♘xb5? bringt Weiß schon mit 0.6 Bauerneinheiten in Vorteil, siehe Untervariante b).

6.♘f3

Dies hält Stockfish für etwas besser als das häufiger gespielte 6.f4.

a1) 6...♘xb5

Dieser beste Zug wurde in drei Viertel aller Partien gespielt. In den anderen geschah das deutlich schwächere 6...♘xe4?, siehe Untervariante a2).

7.♘xb5 ♕xe4+ 8.♕e2 ♕xe2+ 9.♔xe2

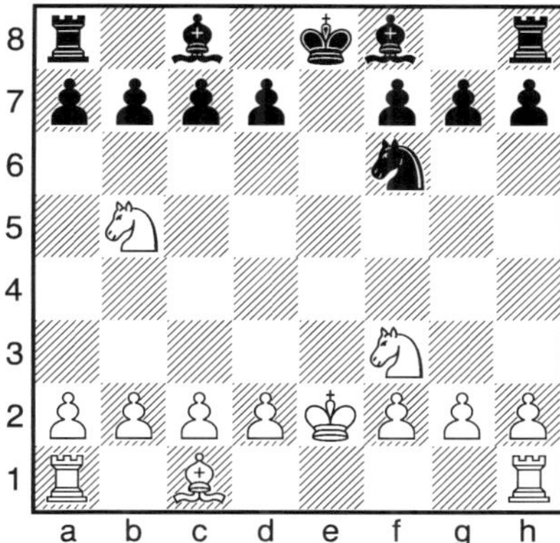

9...♔d8?

Fast alle spielten hier den richtigen Zug **9...♘d5**, worauf Stockfish dem Schwarzen einen kleinen Endspielvorteil errechnet, z. B. 10.♖e1 a6 11.♔f1+ ♗e7 12.♘c3 −0.3. Aber insgesamt findet nur weniger als die Hälfte aller Schwarzspieler nach 5.♘xe5 zu diesem etwas besseren Endspiel.

10.♘g5

Wegen dieser Antwort ist 9...♔d8? ein Fehler, der wiederum Weiß in Vorteil bringt, z. B. bewertet Stockfish 10...a6? 11.♘xf7+ mit +1.5, 10...c6? 11.♘xf7+ mit +1.0 und 10...♖g8 11.♘xf7+ mit +0.5.

Nun zu den beiden fehlerhaften Abweichungen von obiger Hauptvariante, die den kleinen schwarzen Stellungsvorteil in einen größeren Stellungsvorteil für Weiß verwandeln.

a2) 6...♘xe4?

Dieser Fehler, der Weiß Chancen auf der offenen e–Linie gibt, geschah in einem Viertel der Partien.

7.0–0 ♘xc3 8.dxc3

Jeder der letzten drei Halbzüge war der häufigste und beste Zug.

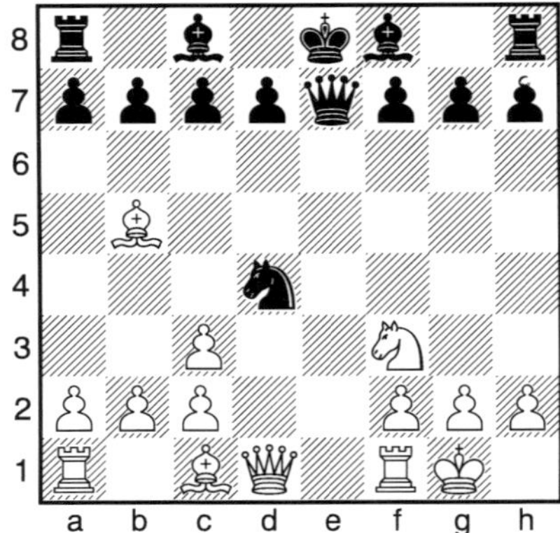

Nun gibt es je drei Partien mit 8...♘e6 bzw. mit 8...♘xf3+. Stockfish hält den Rückzug ♘e6 für das Beste, wohl aus Gründen der Königssicherheit, und bewertet die Stellung mit +1.3 bis +2.0; seine Varianten zeigen aber lange keinerlei Materialisierung des Stellungsvorteils.

Eher gewinnen kann man als Klubspieler die Variante nach dem weiteren Fehler

8...♘xf3+? 9.♕xf3 c6 10.♗f4! +2.0.

Ab hier gibt es keine Partien mehr, aber eine mögliche Folge wäre 10...d5 11.♖fe1 ♗e6 12.c4 0–0–0 13.cxd5 ♖xd5 14.♗c4 ♖d7 15.♕e3 nebst Bauerngewinn und Stellungsvorteil, denn 15...♗xc4? scheitert an 16.♕xa7 +–.

b) 5...♘xb5? +0.6

So wurde in einem Viertel der Partien gespielt, aber auch alle anderen Züge außer 5...♕e7 ergeben Vorteil für Weiß.

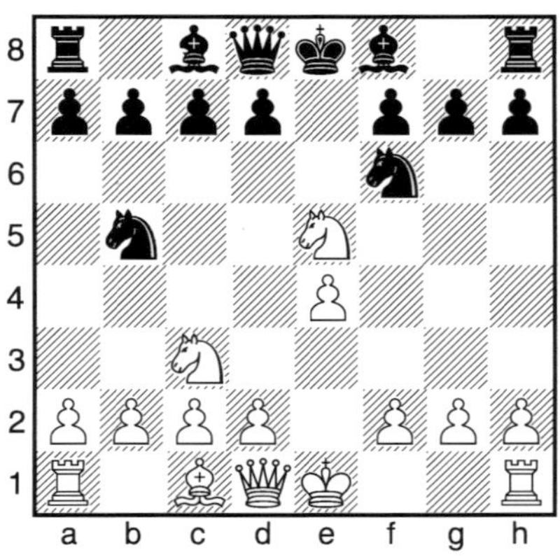

6.♘xb5 c6 7.♘c3 ♕e7 8.♘f3 ♘xe4? +1.5

Hier hält Stockfish 8...d5 9.e5 ♘e4 +0.8 für besser, aber in allen (13) Partien geschah der fehlerhafte Textzug.

9.0–0 ♘xc3

Nicht besser ist 9...♘g5, was auch noch nie gespielt wurde.

10.dxc3 d5 11.♗g5 ♕d6 12.♖e1+ ♗e6 13.♘d4

Bis hierher spielten beide Seiten ab 6.♘xb5 den jeweils häufigsten Zug. Die Anzahl der Partien hat sich mittlerweile auf zwei reduziert.

13...c5?

Besser ist laut Stockfish 13...♗e7 14.♘f5 +1.5.

14.♘xe6 fxe6 15.♕h5+ g6 16.♕g4 ♔f7 17.c4 d4 18.♕f3+ ♔g8 19.♗f6

und in der Partie Short – L'Ami, 2009, gab Schwarz auf.

Man muss den Zug 5.♘xe5 als chancenreich für Weiß bewerten, zumal nur ein kleiner Teil der Schwarzspieler die geringe Schwäche von 5.♘xe5 ausnutzt, während die Mehrzahl die Fehler in den Untervarianten a2) und b) begeht, wonach der weiße Vorteil größer ist als der schwarze in der Hauptvariante.

♔ ♔ ♔ ♔ ♔

W13 Mit Weiß gegen 1.e4 e5 – Vierspringerspiel mit 4.♗b5 ♗c5 5.♘xe5 ♘xe5

1.e4 e5 2.♘f3 ♘c6 3.♘c3 ♘f6 4.♗b5 ♗c5

Dieser Zug ist zwar nur der vierthäufigste, kommt aber dennoch recht oft vor. Gegen mich wurde er in 9 Partien gespielt. Der folgende Zug ist der Auftakt zu einem sehr taktisch geprägten Verlauf mit vielen Fehlermöglichkeiten, und zwar insbesondere bei Schwarz, wie auch dessen Performance von unter 40% vermuten lässt.

5.♘xe5

Obwohl dies mit 15% nur der dritthäufigste Zug ist, kann er in der Bewertung mit den anderen mithalten und hat die klar beste Performance von über 60%.

5...♘xe5

Dieser laut Stockfish beste Zug wurde in zwei Drittel aller Partien gespielt. Der zweithäufigste Zug 5...♗xf2+ ist deutlich schwächer (siehe Variante W14), wurde aber gegen mich etwas häufiger (5x) gespielt als das bessere 5...♘xe5.

6.d4 ♗d6 (wiederum der beste Zug) **7.f4!**

Hiernach wurden vier verschiedene Fortsetzungen gespielt.

Am häufigsten ist 7...♘c6, worauf Weiß mit 8.e5 nur Ausgleich hat.

Auch gegen 7...♘eg4 hat er weder mit 8.e5 noch mit 8.h3 besondere Chancen.

Ein Fehler ist hingegen die zweithäufigste Fortsetzung 7...♘g6? (siehe Untervariante a) sowie das seltenere 7...♗b4?, das gegen mich in 3 von 4 Partien mit 7.f4 gespielt wurde (siehe Untervariante b).

a) 7...♘g6? 8.e5

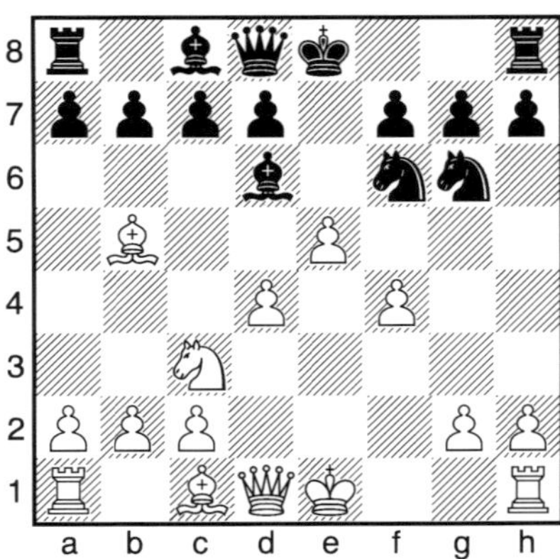

8...♗b4?

Dieser Zug ist zwar der häufigste, aber ein erneuter Fehler, nach dem die Partie schon fast verloren ist (+1.7). Nur 8...c6 9.exd6 cxb5 10.♕e2+ gibt noch Remischancen (+0.7).

9.exf6 ♕xf6 10.0–0 ♗xc3 11.bxc3 0–0?

Beide Seiten spielen weiter die häufigsten Züge, aber der letzte war ein erneuter Fehler (+4.0). Besser wäre 11...♘e7 oder 11...a6 mit weiterhin schwierigem Spiel (+2.0) für Schwarz.

Als Beispiel kann die Partie Todorovic – Dinic (2014) dienen, in der Schwarz nach

12.f5 ♘e7 13.♕h5 g6 14.fxg6 ♕xg6 15.♕h4 ♘f5 16.♖xf5 1–0

aufgab, da 16...♕xf5 17.♗d3 zu Matt oder Damenverlust führt.

b) 7...♗b4? 8.fxe5 ♘xe4 9.0-0

Hier hatte ich zuvor zweimal 9.♕f3 gespielt, bis ich mit Computerhilfe zu der Überzeugung kam, dass 9.0–0 der bessere Zug ist. In den sechs Datenbank-Partien wurde nun entweder 9...♘xc3 oder 9...♗xc3 gespielt. Während 9...♗xc3 10.bxc3 0–0! 11.♗a3 von Stockfish mit +1.5 bewertet wird, hält er die Stellung nach 9...♘xc3 für glatt verloren (+4.0), z.B.

9...♘xc3 10.bxc3 ♗xc3 11.♗a3

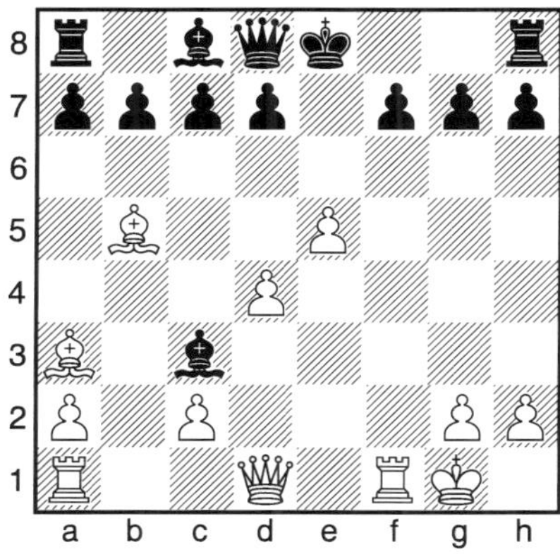

11...♗xa1 12.e6 fxe6 13.♕h5+ g6 14.♕e5 ♖g8 15.♕xe6+ +–

Dies ist nur ein Teil der sehr taktisch geprägten Varianten nach 5.♘xe5. Mit 5...♘xe5 kann Schwarz sich mit Ausnahme der Untervarianten a) und b) behaupten. Dagegen stellt schon der zweithäufigste Zug 5...♗xf2+ den Schwarzen vor kaum lösbare Probleme, siehe nächste Variante W14.

♔ ♔ ♔ ♔ ♔

W14 Mit Weiß gegen 1.e4 e5 – Vierspringerspiel mit 4.♗b5 ♗c5 5.♘xe5 ♗xf2+

1.e4 e5 2.♘f3 ♘c6 3.♘c3 ♘f6 4.♗b5 ♗c5 5.♘xe5 ♗xf2+?

Dieser mit 20% Anteil zweithäufigste Zug nach 5...♘xe5 (siehe Variante W13) ist bereits ein relativ dicker Fehler, denn die Bewertung sinkt um eine ganze Bauerneinheit.

6.♔xf2 ♘xe5 7.d4

Das sind die naheliegenden und besten Züge.

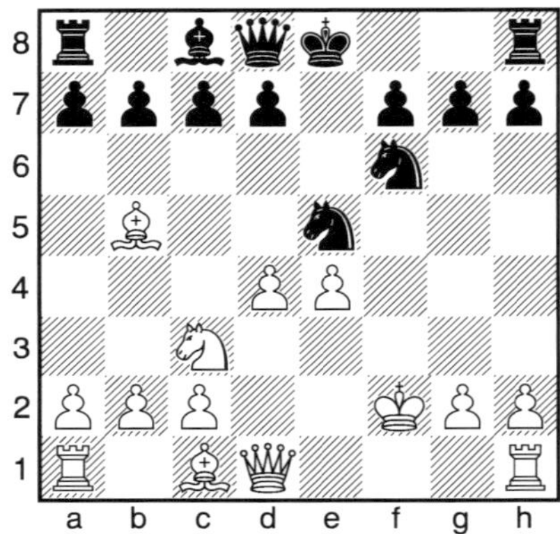

Nur wenige Schwarzspieler haben versucht, die exponierte Königsstellung durch 7...♘fg4+? auszunutzen. Hier sollte Weiß wissen, dass jetzt der Rückzug 8.♔e1! am einfachsten ist, denn nach 8...♕f6 9.♖f1 ♕h4+ 10.g3 ♕xh2 11.♗f4 +– kommt Schwarz nicht weiter und Weiß sollte gewinnen.

Die beiden hauptsächlichen Züge nach 7.d4 sind 7...♘eg4+? (siehe Untervariante a) und 7...♘g6 (siehe Untervariante b).

a) 7...♘eg4+?

Dies wird in über der Hälfte der Partien gespielt, ist aber mit +1.7 laut Stockfish deutlich schwächer als 7...♘g6.

8.♔g1 c6 9.♗e2 d6 10.h3 ♘h6

Bis hierhin sind es beiderseits die häufigsten Züge.

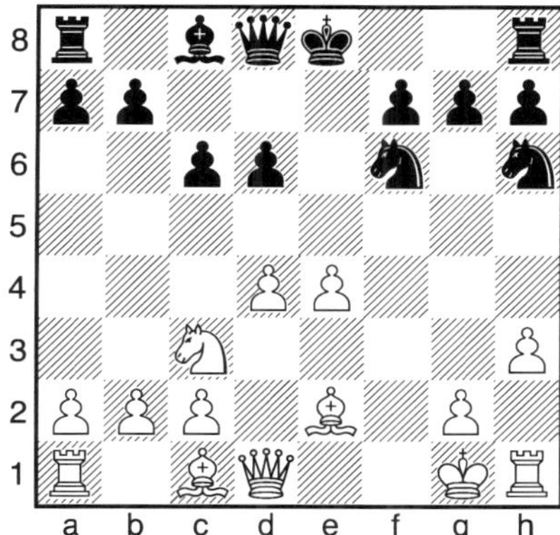

11.♕e1! +2.0

Diesen Zug mit der Folge 11... d5 12.♕g3 hält Stockfish für deutlich stärker als die Alternativen, die in den zwei Dutzend Datenbankpartien gespielt wurden. Dort ist 11.♔h2 am häufigsten, worauf einer meiner Gegner mit dem neuen Zug 11...d5! fortsetzte. Nach 12.e5 ♘e4 13.♘xe4 dxe4 hatte er zwar einen schwachen Bauern auf e4, aber seine Stellungsbewertung hatte sich nicht verschlechtert (+1.7).

Als ich 11.♕e1 erstmals ausprobierte, folgte 11...♕e7 12.♗f3, worauf Stockfish mit 12...♗d7 13.♕g3 0–0–0 14.♕g5 +2.0 fortsetzt (nicht 14.♕xg7? =). Jedenfalls muss Weiß versuchen, die schlechte Stellung des ♘h6 und die Schwäche g7 auszunutzen, bevor Schwarz sich konsolidiert hat.

b) 7...♘g6 (in einem Drittel der Partien gespielt) **8.e5! ♘g8?**

Zwei Drittel wählen diesen Rückzug. Nur 8...c6 hält die Stellungsbewertung bei +1.0. Nun empfiehlt Stockfish

9.h4!

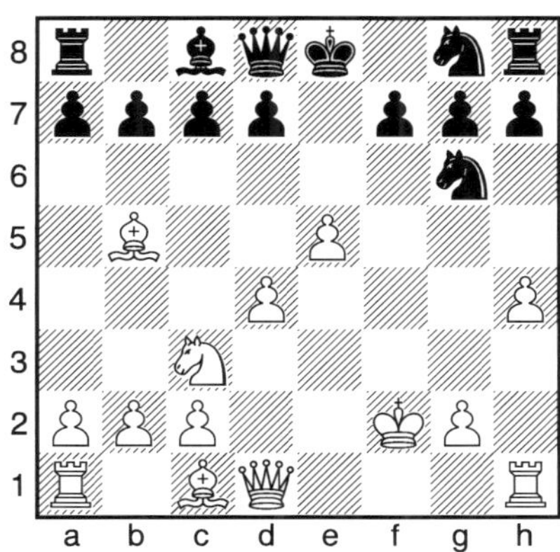

9...♘xh4?

Dies spielte mein Gegner in der einzigen Partie mit dieser Variante. Auch nach dem besten Zug 9...a6 10.♗a4 +2.5 ist Schwarz verloren.

10.♕h5 ♘g6 11.♗g5 ♘8e7 12.♖af1 +−

In beiden Untervarianten hält Stockfish die weiße Stellung für gewonnen, aber noch hat sich der Stellungsvorteil nicht materialisiert, so dass Weiß seinen Druck beibehalten und möglichst steigern muss. Auch wird deutlich, dass Schwarz nach dem frühen Fehler 5...♗xf2+? kaum noch Überlebenschancen hat.

♔ ♔ ♔ ♔ ♔

W15 Mit Weiß gegen 1.e4 e5 – Vierspringerspiel mit 4.♗b5 a6

1.e4 e5 2.♘f3 ♘c6 3.♘c3 ♘f6 4.♗b5 a6

Dieser im Spanier häufige Zug kommt hier nur selten vor (deutlich unter 10%), denn auf den ersten Blick scheint er nach 5.♗xc6 einen Bauern zu verlieren. Gegen mich wurde 4...a6 sechs Mal gespielt und nur in einer Partie wurde der verlorene Bauer zurückerobert.

5.♗xc6 dxc6

Ein Viertel der Schwarzspieler wählte 5...bxc6?, wonach 6.Sxe5 ♕e7 7.d4 definitiv einen Bauern gewinnt.

6.♘xe5 ♘xe4

Nur dieser Zug gewinnt den Bauern zurück, aber er wurde nur in einem Viertel der Partien gespielt! Das besagt, dass nur rund 20% der a6–Spieler die Möglichkeit der Rückeroberung kennen oder finden (ein Viertel der drei Viertel, die 5...dxc6 spielten). Schon deswegen hat diese Variante einen guten Platz im Repertoire, obwohl es auch nach Rückeroberung des Bauern noch weitere Fehlermöglichkeiten für Schwarz gibt.

Der zweithäufigste Zug 6...♕e7 gewinnt den Bauern nicht zurück, ist aber nach 7.d4 ♘xe4? 8.♘xe4 f6 9.♕h5+! g6 10.♕h4 trotz Bewertung +4.0 nicht so leicht zu widerlegen.

7.♘xe4 ♕d4

7...♕d5 erfüllt denselben Zweck, wohingegen 7...♕e7? 8.d4 +– nichts taugt.

8.0–0 ♕xe5 9.♖e1

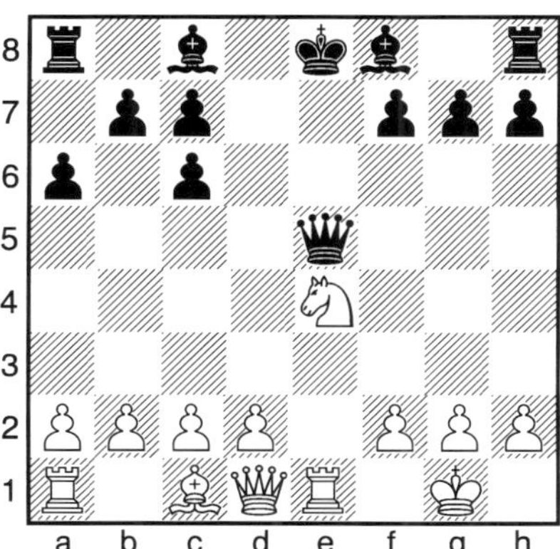

9...♗e7?

Dies wurde in einem Viertel der Partien gespielt.

Um eine halbe Bauerneinheit besser ist das dreimal so häufige 9...♗e6 10.d4 ♕d5 11.♗g5 +0.3. Aber das schwache 11...♗e7? würde direkt wieder zur Hauptvariante führen.

10.d4 ♕d5?

Um mehr als eine ganze Bauerneinheit besser ist laut Stockfish das nur etwa halb so häufige 10...♕f5! mit der Folge 11.♘c5 b6 12.♖e5 ♕g6 13.♕e2 +0.9, was aber in den beiden Partien mit dieser Stellung nach dem Fehler 13...♕d6? wegen der Folge 14.♗g5 f6 15.♘e4 doch zum Verlust führte.

In nur zwei Partien wurde 10...♕a5? gespielt, worauf die Gegner laut Stockfish am einfachsten mit 11.♘c5 +5.0 oder 11.♗g5 +4.0 hätten reagieren können.

11.♗g5 ♗e6 12.♗xe7 ♔xe7 13.♘c5 b6 14.♖e5 ♕d6 15.♘xe6 fxe6 16.♕g4 +2.0

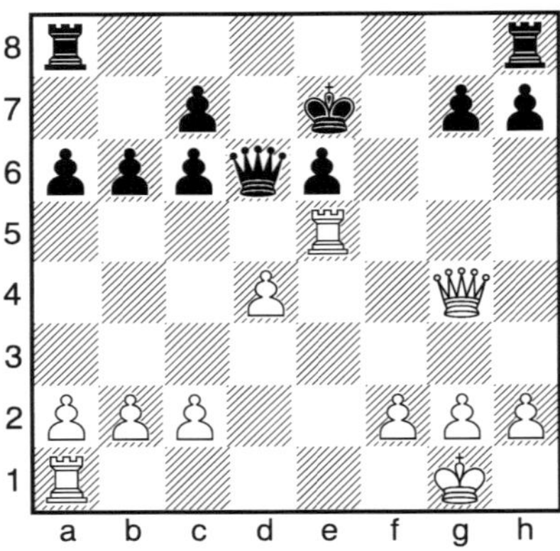

Tatsächlich wurden die vier Partien mit dieser Stellung von Weiß gewonnen. Alle Züge ab 10.d4 waren die jeweils häufigsten.

Fazit: Die klare Mehrzahl der a6-Spieler gab den Bauern gleich nach 5.♗xc6 verloren, aber auch einige von denen, die den Bauern zurückgewannen, begingen etwas später einen der anderen erwähnten Fehler, so dass im Ergebnis beide Gruppen in etwa die gleiche niedrige Performance von 35% erzielten.

♔ ♔ ♔ ♔ ♔

W16 Mit Weiß gegen 1.e4 e5 2.♘f3 ♘c6 3.♘c3 ♗c5 – Dreispringerspiel

1.e4 e5 2.♘f3 ♘c6 3.♘c3 ♗c5

Dieser Zug ist mit gut 10% Anteil der zweithäufigste hinter 3...♘c6 mit fast 80%.

4.♘xe5!

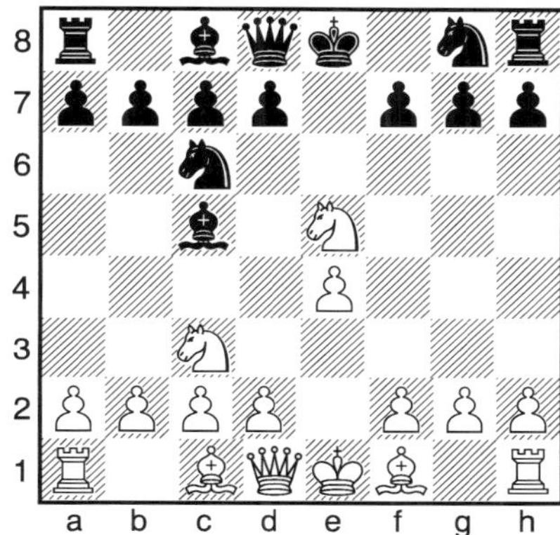

Dies ist klar der stärkste Zug mit einer Performance von fast 70% aus fast 2000 Partien, während das etwas häufigere 4.♗c4 nur Ausgleich verspricht.

a) 4...♘xe5

Das ist der Hauptzug mit 60% Anteil. Zu 4...♗xf2+? siehe Untervariante b).

5.d4 ♗xd4?

Dies wird in mehr als 30% der Fälle gespielt, ist aber bereits ein deutlicher Fehler (+1.0).

Besser ist 5...♗d6 6.dxe5 ♗xe5 und nun hält Stockfish 7.♗d3 mit +0.5 für besser als das häufigere 7.♗c4 mit +0.0.

6.♕xd4

Nun wurden vier Züge öfters gespielt, wovon zwei mit zusammen über 40% Häufigkeit glatte Verlustzüge sind, wobei der Nachweis aber nicht ohne Tücken vonstatten geht.

a1) 6...d6 (46%) **7.♗f4 ♕f6?**

Dies ist mit knapp 30% ebenso häufig wie der beste Zug 7...f6 8.0–0–0 +1.0.

In weiteren 30% der Partien wurden die noch schlechteren Züge 7...c5? 8.♗b5+ +– oder 7...♕e7? 8.♘d5 +– gespielt.

Nach dem Textzug 7...♕f6? spielten 30% das verlockende 8.♘d5?, das neben dem Angriff auf die ♕f6 und auf das Gabelfeld c7 auch den ♗f4 deckt. Allerdings fällt Weiß in die Falle 8...♘f3+ mit Damenverlust. Für am besten hält Stockfish

8.♕e3! +1.8

a2) 6...♕f6? (25%)

Mit diesem Zug beabsichtigt Schwarz auf direktem Weg den gerade gezeigten Damengewinn durch ♘e5–f3+. Wieder machten über 20% den Fehler 7.♘d5?. Keine 15% fanden die beste Widerlegung:

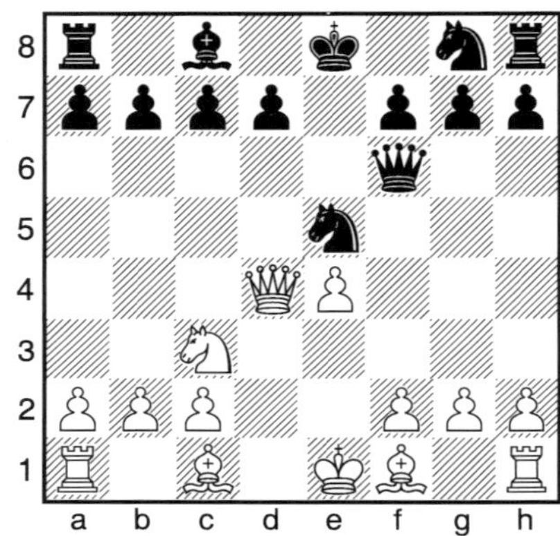

7.♘b5! c6!

Fast alle Schwarzspieler wählten 7...♔d8?, wonach Weiß das hübsche und entscheidende 8.♕c5 mit der Idee 8...c6? 9.♕f8# hat.

Nach 7...c6! muss Weiß weiter auf der Hut sein und darf sich nicht vergaloppieren. Für einfacher als die komplizierte Stockfish-Empfehlung 8.♘d6+ (mit Bewertung +3.5) halte ich daher

8.♘c7+ ♔d8 9.♗g5 ♕xg5 10.♘xa8 +2.5,

weil die weiße Dame den ♘a8 über a7 oder d6 befreien wird.

a3) 6...♘c6? (16%) **7.♕xg7 ♕f6 +–**

Zwar hat Weiß die Qual der Wahl zwischen 8.♕xf6 ♘xf6 9.♗g5, 8.♗h6 ♕xh6 9.♕xh8 und 8.♕g3, aber glücklicherweise sind laut Stockfish alle mit +5.0 gewonnen.

a4) 6...f6 (12%) **7.f4! ♘c6 8.♕d1** +1.8

Fazit: In der Hauptvariante a) mit 4...♘xe5 gibt der frühe Fehler 5...♗xd4?, den Schwarz in einem Drittel der Partien macht, Weiß gute Gewinnchancen.

b) 4...♗xf2+?

Nach diesem Fehler, der mit über 30% Anteil der zweithäufigste Zug ist, steigt die Bewertung auf +0.9. Die nächsten drei Halbzüge sind naheliegend.

5.♔xf2 ♘xe5 6.d4

Nun muss sich Schwarz zwischen drei Zügen entscheiden: 6...♘g6 ist mit 50% Anteil am häufigsten und wurde auch von drei meiner fünf Gegner gewählt. Stockfish empfiehlt darauf 7.♗e2 +0.9.

Die anderen beiden Züge mit je etwa 25% Anteil wurden gegen mich je einmal gespielt, nämlich 6...♘c6 mit der besten und häufigsten Antwort 7.♗e3 (+0.9) sowie der Fehler 6...♕f6+?, der mit einer hübschen Falle verbunden ist und nun in der Hauptvariante näher betrachtet wird.

6... ♕f6+? 7.♔g1 ♘g4?

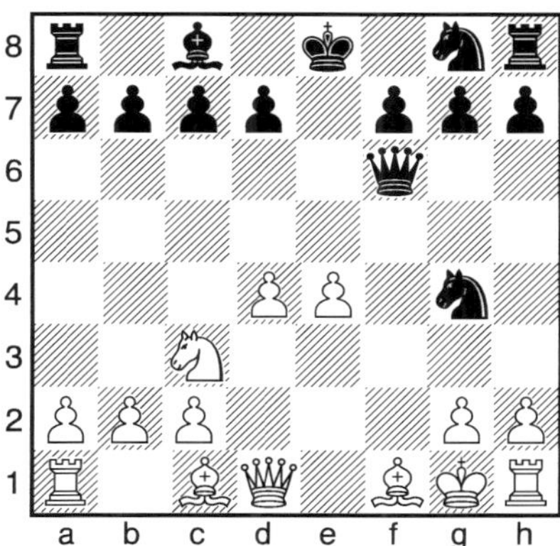

Das ist die besagte Falle, denn der ♘g4 ist wegen 8.♕xg4? ♕xd4+ nebst Matt tabu. Dies erklärt vielleicht die Beliebtheit des an sich schwachen Zuges 7...♘g4?. Auch 7...♘e7 mit der Idee 8.dxe5?? ♕b6+ nebst Matt wurde mehrmals probiert (besser 8.♗e3 +1.9) und im Gegensatz zu 7...♘g4? fünfmal mit Erfolg!

Auch nach den beiden anderen Springerzügen 7...♘g6 8.h4! mit +2.5 sowie 7...♘c6 8.♘d5 mit +1.9 hat Schwarz ein schwieriges Spiel.

Zurück zu 7...♘g4?, wonach Weiß die Felder d4 und f2 decken muss und somit nur *einen* Zug hat (der auch in allen Partien gespielt wurde):

8.♕d2 ♘e7 9.h3 ♘h6

Soweit die jeweils häufigsten Züge. Den folgenden Zug haben nur wenige gespielt, aber nur damit hat Weiß gute Gewinnchancen (+3.0).

10.♘b5! ♕b6 11.♕c3 ♔d8

Nach diesen weiteren naheliegenden Zügen ist es noch nicht klar, wie Weiß den Gewinn realisieren soll. Auch in den drei Partien mit dieser Stellung wurden nur 1,5 Punkte erzielt. Stockfish bevorzugt gleichermaßen **12.♕g3** oder **12.♗e3**, aber in beiden Fällen dauert es noch lange, bis sich der +3.0–Vorteil materialisiert.

Fazit: Die Hauptvariante 4...♘xe5 gibt Weiß ein angenehmes Spiel, aber Schwarz kann sich halten. Das gegen mich viel häufiger (in 5 von 6 Partien) gespielte 4...♗xf2+? gibt Weiß bereits einen greifbaren Vorteil (+0.9); in einem Viertel der Fälle mit 6...♕f6+? sogar eine handfeste Gewinnchance. Zu diesem Zweck sollte Weiß aber den Zug 10.♘b5! kennen oder finden.

♔ ♔ ♔ ♔ ♔

W17 Mit Weiß gegen 1.e4 e5 2.♘f3 ♘f6 – Russisch

1.e4 e5 2.♘f3 ♘f6 3.♘c3

Weil das Vierspringerspiel sowieso im Repertoire ist, liegt es nahe, dem Schwarzen den Übergang dazu anzubieten.

3...♗b4

Zu 3...♘c6 siehe die Varianten W9 bis W15. Tatsächlich entscheidet sich eine Zwei-Drittel-Mehrheit für diesen Weg. Ein Viertel spielt den Textzug 3...♗b4 und unter 10% wählen den Übergang 3...d6 4.d4 zu Pirc-Philidor, siehe W32.

4.♘xe5

Dieser Zug, der laut Stockfish etwas besser ist als das etwas häufigere 4.♗c4, hat auch eine bessere Performance.

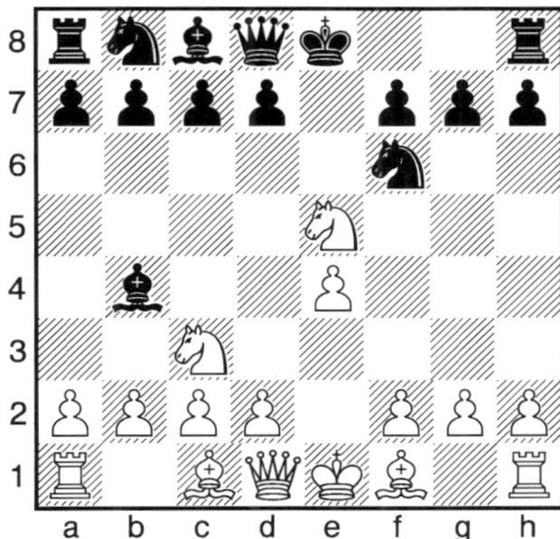

a) 4...0-0

Dies ist der klar häufigste Zug, den auch alle meine fünf Gegner spielten. Von den Partien der Datenbank spielten aber auch gut 10% das schwächere 4...♕e7?, siehe Untervariante b).

5.♗e2 ♖e8 (häufigster Zug) **6.♘f3**

Aber hier spielen fast 90% den Rückzug 6.♘d3, um dem Gegner das Läuferpaar zu nehmen und späteres ♗c8-g4 zu vermeiden. Aber gerade den letzten Zug kann Weiß mit dem Textzug 6.♘f3 auch ausnutzen. Damit gibt es in der Datenbank nur noch weniger als 100 Partien.

6...♘xe4

Das ist schon zweifelhaft. Stockfish hält 6...♗xc3 7.dxc3 ♘xe4 mit minimalem weißem Vorteil für deutlich besser. Beide Züge werden nahezu gleich oft gespielt und auch ich hatte beide Züge je zweimal auf dem Brett.

Schwarz setzt nun stets mit dem jeweils häufigsten Zug fort.

7.♘xe4 ♖xe4 8.c3 ♗f8

Oder 8...♗a5, was im Folgenden keine Auswirkung hat.

9.0–0 d5 10.d4 ♗g4?

Dies wird in einer Hälfte der nur noch wenigen Partien gespielt, während in der anderen Hälfte das bessere 10...♖e8 +0.3 geschieht.

11.h3 ♗h5?

Das wird in den verbliebenen 5 Partien gespielt, obwohl laut Stockfish 11...♗xf3 mit +0.8 besser wäre.

12.g4 ♗g6

Das Opfer 12...♗xg4? 13.hxg4 ♖xg4+ 14.♔h1 +2.0 wäre schlechter.

13.♘e5 +1.4

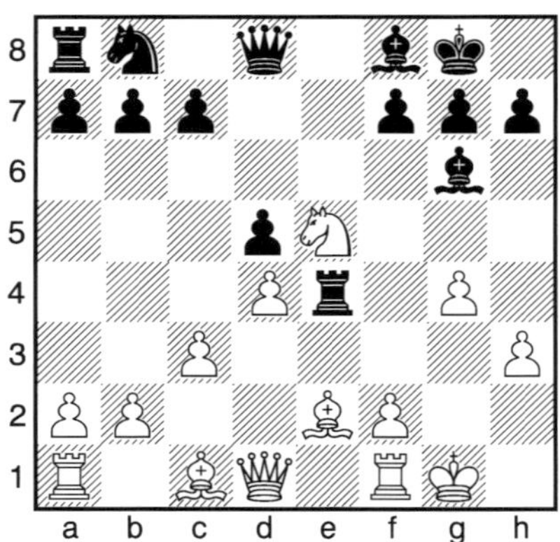

Der ♖e4 ist in Nöten, was letztlich mindestens einen Bauern kostet, z.B. 13...♕h4 14.♔g2 ♘c6 15.♘xg6 hxg6 16.♗f3 +1.7.

b) 4...♕e7? 5.♘f3 ♘xe4?

Besser ist 5...♗xc3 6.dxc3 ♘xe4 7.♗e2 +0.7.

6.♘d5! +1.4

Deswegen sind die letzten beiden Züge von Schwarz schlecht. Aber 6.♘d5! wurde nur 4 Mal in 30 Partien gespielt!

6...♕c5 7.♘e3

Nun droht c3 nebst b4.

7...♕e7? (+2.3)

So spielte der stärkste Schwarzspieler (Elo 2155) der drei Partien in dieser Stellung. In den anderen beiden Partien wurde 7...♗a5? (+2.3) und 7...♕c6 (+1.4) gespielt. Besser war laut Stockfish auch 7...♕a5 mit +1.5. Auf jeden dieser Züge antwortet Weiß am besten 8.c3.

8.c3 ♗a5 9.♕a4!

Hier wurde in der einzigen verbliebenen Partie viel schwächer 9.♗d3? gespielt.

9...♘c6 (9...♗b6 10.♘f5 +–) **10.♗b5 ♗b6** (10...♘c5 11.♕c2 +2.3) **11.♘f5** +2.8, denn Schwarz verliert eine Figur.

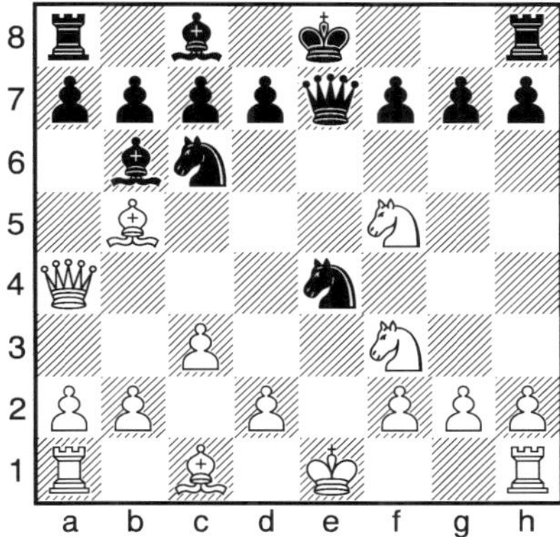

Fazit: Wie schon gesagt, führt Russisch mit 3.♘c3 meist zum Vierspringerspiel. Falls Schwarz dem mit 3...♗b4 ausweicht, hat Weiß eine 10%-Chance auf einen großen Vorteil nach 4...♕e7? oder eine 25%-Chance auf einen Vorteil von +1.4, falls Schwarz in der Variante 6...♘xe4 den Fehler 10...♗g4? folgen lässt.

♔ ♔ ♔ ♔ ♔

W18 Mit Weiß gegen 1.e4 e5 2.♘f3 d6 – Philidor

1.e4 e5 2.♘f3 d6 3.d4 exd4

Dies wird in über der Hälfte aller Partien gespielt. Die Alternativen 3...♘d7 oder 3...♘f6 sind mit je unter 20% viel seltener und wurden in meinen neun Partien gegen Philidor nie gespielt. Stattdessen wird heutzutage meist der Weg über die Pirc-Verteidigung gewählt, siehe Variante W29.

4.♘xd4 ♘f6

Dies wird in 75% der Fälle gespielt. In 15% wird 4...g6 gespielt, was meist eine Zugumstellung zur Pirc-Verteidigung ergibt, und zwar zu einer Variante, die in W32b) kurz gestreift wird.

5.♘c3 ♗e7 (in 80% der Partien) **6.♗f4** (hält Stockfish für das Beste) **0–0 7.♕d2**

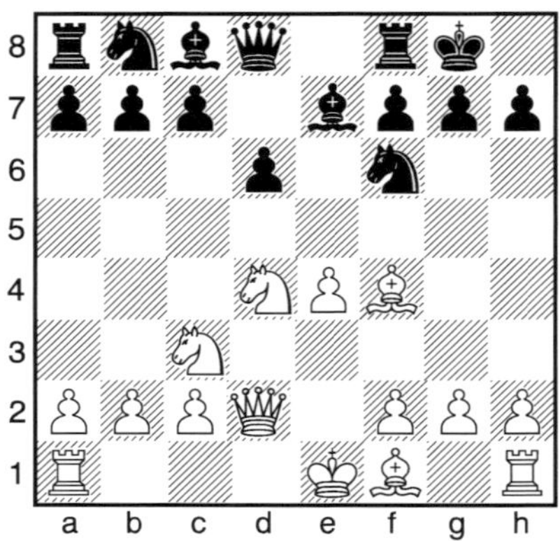

Hier gibt es vier annähernd gleich häufige Züge. Am häufigsten gespielt wurde 7...♘c6 (in einem Drittel der Fälle), während 7...a6, 7...c6 und 7...d5 in je etwa 20% der Partien gezogen wurden. Auch bei mir war das ähnlich: In den 5 Partien mit 7.♕d2 folgte jeweils einer dieser Züge und nur 7...c6 kam zweimal vor. Diese vier Züge werden nun in der genannten Reihenfolge betrachtet.

a) 7...♘c6 8.0–0–0 ♘xd4 9.♕xd4 ♗e6 10.f3 ♘d7 11.♔b1 ♗f6 12.♕d2 +0.4

Soweit folgt die Variante dem jeweils häufigsten Zug, nur statt 11.♔b1 war 11.♕e3 etwas häufiger. Stockfish hat auch 11.h4 unter seinen Empfehlungen, wozu es aber keine Partien gibt. Nach 12.♕d2 verteilen sich die (nur noch wenigen) Partien ziemlich gleichmäßig auf sieben Züge.

b) 7...a6 8.0–0–0 b5 9.f3 c5 10.♘f5 ♗xf5 11.exf5 ♘c6 12.g4 +0.4

Soweit die Variante des jeweils häufigsten Zuges. Hier jedoch muss Weiß selbst zwei Fehler vermeiden: 20% spielen 12.♗xd6? ♗xd6! 13.♕xd6 ♕b6 14.♕g3 −0.4 und

10% sogar 12.♘e4? d5 13.♘xf6+ ♗xf6 14.♕xd5? ♕b6 −2.0 mit schwarzem Entwicklungsvorsprung.

c) 7...c6 8.0–0–0 b5?

Dies wurde in 80% der Fälle gespielt, aber 8...d5 9.exd5 +0.4 ist besser.

9.f3 b4 (in über 90%) **10.♘a4!** (+1.0)

Diese Stockfish–Empfehlung wurde nur in 20% der Partien gespielt. Diese (wenigen) Partien legen folgende weitere Entwicklung nahe:

10...♗d7 (10...c5 11.♘b5 +1.0) **11.g4!**

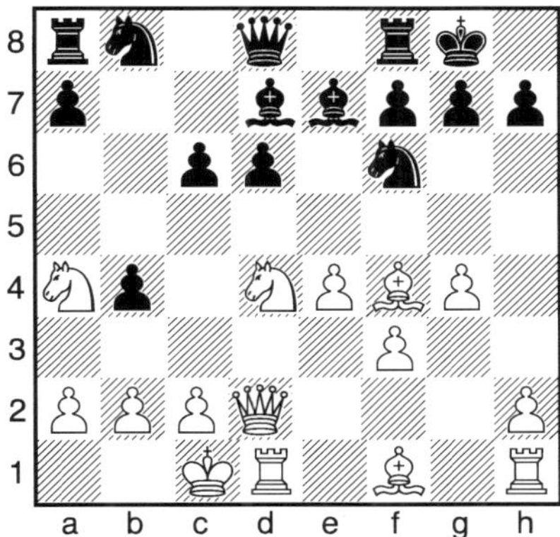

Die früheste Datenbank–Partie mit diesem Zug stammt aus dem Jahr 2019. Davor wurde ausschließlich 11.b3 gespielt. Neuere Stockfish–Versionen halten 11.g4! für deutlich stärker als 11.b3 (+2.0 bis +3.0 für 11.g4 gegenüber +1.0 bei Stockfish 9 für beide Züge).

11...c5 12.♘f5 ♗xa4 13.♘xe7+ ♕xe7 14.♗xd6

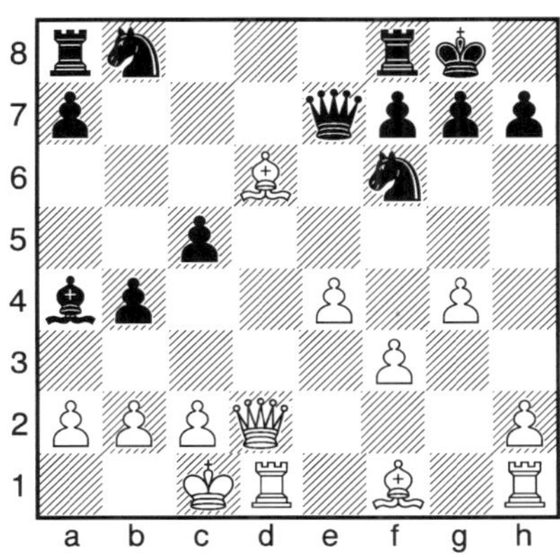

Weiß gewinnt nun eine Qualität, so dass mit Turm + Bauer gegen zwei Springer etwa Materialgleichstand herrscht, aber Weiß hat Stellungsvorteil mit Angriff. Es gibt nur fünf Partien mit 11.g4, in denen auch jeweils die angegebene Fortsetzung gespielt wurde, aber Weiß erzielte daraus nur 2 Punkte. Die Chessbase Onlinedatenbank enthält daneben auch viele Email–Partien, in denen Weiß mit 90% hervorragend punktete. Es sieht also so aus, als ob Weiß schon deutlich besser steht, aber ohne Engine–Unterstützung den Vorteil kaum realisieren kann.

d) 7...d5 8.♘db5 c6?

Dieser Zug wird mit 40% Häufigkeit gespielt und von Stockfish mit +1.3 bewertet.

Besser und häufiger (60%) ist 8...♗b4 +0.5, aber auch dabei kommt in der Hauptvariante ein weißer Springer nach a8 und es ist unklar, zu welchem Preis er wieder herauskommt. Jedenfalls ist die Performance von 8...♗b4 nur ausgeglichen.

9.♘c7 d4 10.♘xa8 dxc3 11.♕xd8 ♖xd8 12.bxc3 mit weißem Vorteil.

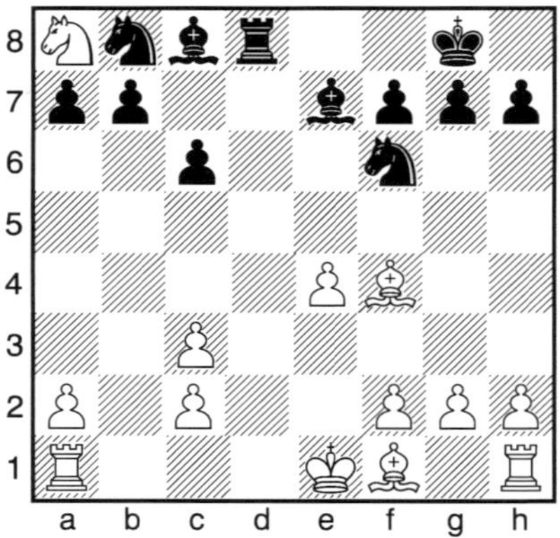

Nun bleibt die Frage, zu welchem Preis Schwarz den ♘a8 fangen kann. Stockfish sieht innerhalb seines Horizonts weder dessen Verlust noch ein Entkommen. Immerhin spricht die Performance von fast 90% deutlich für Weiß.

Fazit: Philidor kann mit 6.♗f4 und evtl. entgegengesetzten Rochaden schnell eine schwierige Eröffnung werden, die Weiß zu einem Figurenopfer auf Position oder einem zweifelhaften Qualitätsgewinn verführt. Entsprechend ist diese Eröffnung für Klubspieler nicht einfach, aber doch chancenreich.

♔ ♔ ♔ ♔ ♔

W19 Mit Weiß gegen Französisch mit 3.♘c3 ♗b4

1.e4 e6 2.d4 d5 3.♘c3 ♗b4

Die Winawer-Variante ist die häufigste Antwort auf 3.♘c3.

4.e5 c5 5.♗d2

Das ist der zweithäufigste Zug nach der viel häufigeren und sehr weit ausgearbeiteten Alternative 5.a3. Daher kennen sich die meisten Gegner mit 5.♗d2 kaum aus. Wie 5.a3 kann man 5.♗d2 auch nach 4...♘e7 spielen, was nach 5.♗d2 c5 (wie auch bei 5.a3) nur auf eine Zugumstellung hinausläuft.

5...♘e7

So wird in etwas mehr als der Hälfte der Fälle gespielt. Am zweithäufigsten mit 20% ist 5...cxd4, was gegen mich sogar einmal öfter gespielt wurde als 5...♘e7. Auf 5...cxd4 6.♘b5 gibt es vier in etwa gleich häufige Züge: 6...♗c5, 6...♗xd2+, 6...♗f8 sowie 6...♗e7, von denen Stockfish 6...♗c5 und 6...♗f8 geringfügig vorzieht. Zwar halten alle vier Fortsetzungen keine erwähnenswerten Chancen für Weiß bereit, aber er kann zumindest auf die Performance von 64% bauen.

6.a3

6.♘b5 ist zwar viel häufiger, aber nicht besser.

6...♗xc3 (zu 95%) **7.♗xc3 cxd4**

In der Partiendatenbank kommen die Züge 7...b6 und 7...♘bc6 minimal häufiger vor und sind auch minimal besser. Trotzdem wurden sie gegen mich in 5 Partien nie gespielt, wohl weil der Textzug – vor allem angesichts des nachfolgenden Tempogewinns – so natürlich aussieht.

8.♕xd4

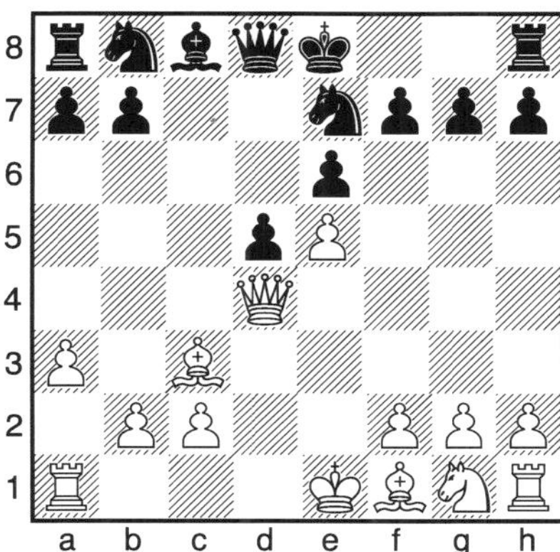

8...♘bc6?

Dass das schon ein richtiger Fehler mit +1.0 ist, ahnt auf Klubspieler-Niveau wohl kaum jemand. Besser ist laut Stockfish 8...0-0 oder 8...b6, aber deren Häufigkeit ist unter 5%.

9.♕g4 ♘f5

Dieser häufigste Zug und der zweithäufigste 9...0-0 wurden je zweimal gegen mich gespielt. Nach **9...0-0** und den weiteren häufigsten Schwarz-Zügen (aber bei sehr wenigen Partien) 10.♘f3 ♘f5 11.0-0-0 ♕b6? 12.♗d3 ♕xf2? 13.♕h3 h6 14.g4 +- ist Schwarz verloren.

10.♘f3 ♕b6

Doppelt so häufig ist 10...h5 11.♕f4 +1.0, was Stockfish für gleich gut hält.

11.♗d3 0-0?

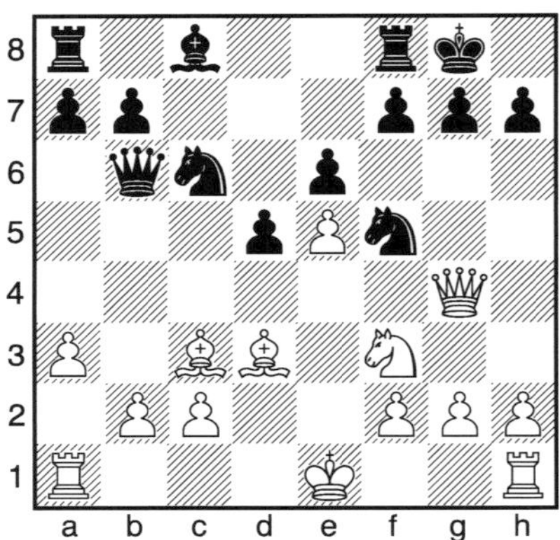

Damit ist Schwarz verloren (+3.0), wie die folgenden Schlusszüge einer Partie Piorun – Wagner B. (2017) zeigen.

Nur mit 11...♘ce7 12.0-0/12.0-0-0 +1.2 oder 11...d4 12.♗d2 ♘ce7 13.0-0-0 ♗d7 14.♗b4 +1.7 könnte sich Schwarz länger halten.

12.♕h3! d4

12...g6 13.♗xf5 exf5 14.♕h6 f6 15.exf6 +-

13.♗d2 ♕xb2 14.0-0 ♕b6 15.g4 ♘h6 16.♗xh6 gxh6 17.♕xh6 f5 18.exf6 1-0 angesichts der möglichen Folge 18...♕c7 19.♘g5 ♖f7 20.♗xh7+ ♖xh7 21.♕g6+ ♔h8 22.♕e8#.

Fazit: In diesem Winawer-Französisch bekommt Weiß mit dem seltenen 5.♗d2 eine ausgezeichnete Stellung, falls Schwarz naheliegend mit 8...♘bc6 reagiert. Und wenn dieser dann auch noch früh rochiert, ist ein Kurzsieg erreichbar.

♔ ♔ ♔ ♔ ♔

W20 Mit Weiß gegen Französisch mit 3.♘c3 ♘f6 4.♗g5 ♗e7

1.e4 e6 2.d4 d5 3.♘c3 ♘f6

Dies ist mit fast 40% der zweithäufigste Zug nach 3...♗b4 mit knapp 50%.

4.♗g5 (etwas häufiger als 4.e5) **4...♗e7**

Hier gibt es drei annähernd gleich häufige Fortsetzungen: neben dem Textzug noch 4...dxe4, siehe W21, sowie 4...♗b4, siehe W22.

5.e5 ♘fd7 (über 90% und am besten) **6.h4**

Dieses Angebot eines Bauernopfers leitet den Aljechin–Chatard–Angriff ein. Es wird in rund 40% der Fälle gespielt und hat eine ähnliche gute Performance von etwa 60% wie der Hauptzug 6.♗xe7. Die Annahme des Opfers verläuft am häufigsten wie folgt: **6...♗xg5** 7.hxg5 ♕xg5 8.♘h3 ♕e7 9.♕g4! g6 10.♘g5 mit kleinem weißem Vorteil.

6...a6?

Diese mit 30% häufigste Antwort auf 6.h4 ist laut Stockfish bereits ein Fehler! Tatsächlich ist bei den stärkeren Spielern 6...a6 erst auf Platz 4 in der Häufigkeit. Der Hintergrund von 6...a6 ist derselbe wie bei 6.♗xe7 ♕xe7 7.f4, wo Schwarz ebenfalls a6 spielt, um nach c7–c5 nicht ♘c3–b5 befürchten zu müssen.

7.♕g4 ♗xg5 8.hxg5 c5

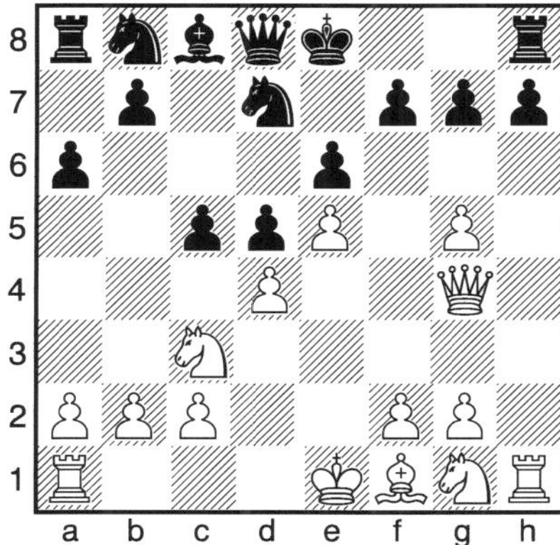

9.dxc5!

Dieser Zug ist viel weniger häufig als 9.g6, was auch ich in meiner einzigen Partie mit dieser Stellung spielte. In der anschließenden Computeranalyse sah ich das Potential des Textzuges, konnte es aber noch nicht in der Praxis ausprobieren. Es folgen nun weiter (wie schon seit 4...♗e7) die häufigsten Züge von Schwarz.

9...♘xe5 10.♕g3 ♘bc6 11.0–0–0

W20 Mit Weiß gegen Französisch mit 3.♘c3 ♘f6 4.♗g5 ♗e7

Bei den gut zwei Dutzend Partien mit dieser Stellung gibt es nun drei in etwa gleich häufige Hauptfortsetzungen, von denen eine dank eines neuen Stockfish-Zuges ein rasches Ende verspricht:

a) 11...♕e7? 12.♖e1! +-

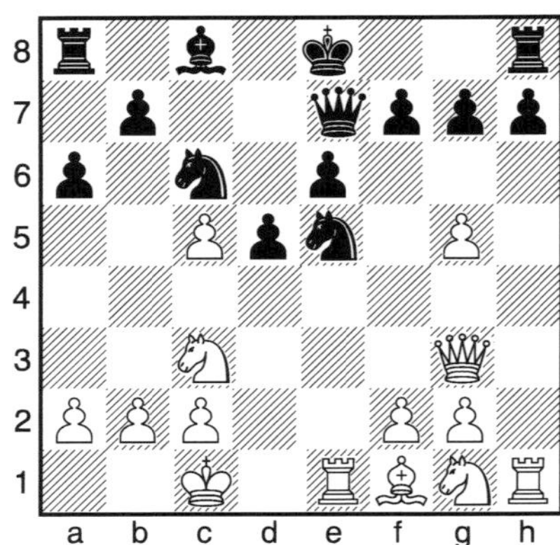

Hiernach scheitert ein Wegzug des ♘e5 an 13.♘xd5. Einen hübschen Schluss bietet 12...♕xc5 13.♖xe5 ♘xe5 14.♕xe5 ♕xf2 15.♘f3 ♔f8? 16.♕d6+ ♔e8 17.♘b5 +-.

Bei den beiden anderen Fortsetzungen ist trotz günstiger Stockfish-Bewertung noch deutlich mehr Mühe von Weiß erforderlich:

b) 11... ♕a5 12.f4 ♘g6 13.f5 ♘ge7 14.f6 gxf6 15.gxf6 ♘f5 16.♕e1! +1.5 (ebenfalls ein neuer Stockfish-Zug)

c) 11...f5 12.f4 +1.5

Aber dank Variante a) hat Weiß zumindest eine 33%-Chance auf einen Sieg.

♔ ♔ ♔ ♔ ♔

W21 Mit Weiß gegen Französisch mit 3.♘c3 ♘f6 4.♗g5 dxe4

1.e4 e6 2.d4 d5 3.♘c3 ♘f6 4.♗g5 dxe4

Dieser zweithäufigste Zug (nach 4...♗e7, siehe W20, und vor 4...♗b4, siehe W22) leitet die Burn-Variante ein.

5.♘xe4 ♗e7 6.♗xf6 ♗xf6

Bisher spielten beide Seiten den jeweils häufigsten Zug, aber statt des Textzugs wird etwa gleich häufig 6...gxf6 gespielt, was bei Bewertung und Performance sogar einen kleinen Vorsprung aus schwarzer Sicht hat. Die zugehörige Hauptvariante lautet 7.♘f3 f5 8.♘c3 a6 9.g3 b5 10.♗g2 ♗b7 11.0–0.

7.♘f3 0–0 8.c3 b6 9.♗d3 ♗b7 10.♕c2 ♘d7

Die letzten 4 Züge von Schwarz waren zwar immer die häufigsten, aber manchmal nur knapp. Allerdings werden diese vier Halbzüge auch noch in einigen Zugumstellungen gespielt.

11.h4

Der Zug 11.h4 ist viel weniger häufig als 11.0–0–0, aber er bereitet eine hübsche Attacke vor.

11...♗e7

Auch hierzu gibt es einige Alternativen.

12.♘eg5 h6?

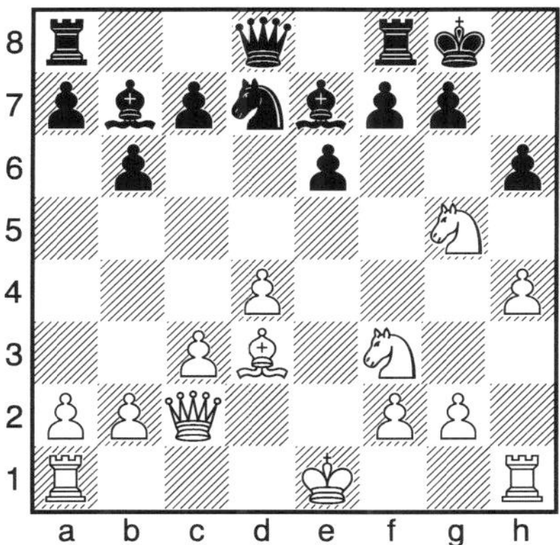

Stockfish erkennt den Ernst der Lage und sieht, dass hier 12...g6 mit +0.2 der einzig gute Zug ist; er wurde aber nur zweimal gespielt. Die Stellung nach h6 wurde zwar in neun Partien erreicht, aber der nachfolgende Gewinnzug wurde nur in einer Fernpartie gespielt.

13.♗a6! +–

Die als naheliegender erscheinende Idee 13.♗h7+? ♔h8 14.♗g8 scheitert an 14...♗e4! mit der Idee 15.♕xe4 ♘f6 =.

13...hxg5

Der Einschub von 13...♗xg5 14.♘xg5 ändert nichts Wesentliches.

14.hxg5 g6 15.♗xb7 ♖b8 16.♗c6

Nun geht 16...♗xg5? nicht, weil die ♕d8 den ♘d7 decken muss. Aber Weiß hat nicht nur einen Bauern gewonnen, sondern auch Mattangriff!

16...♔g7 17.♕e4! ♖h8 18.♔e2 ♘f8 19.♖xh8 ♔xh8 20.♖h1+ ♘h7 21.♕e5+ f6 (21...♔g8 22.♕h2 +–) **22.♕xe6 ♗d6 23.gxf6** +–

In meinen 6 Partien gegen Burn war mir diese Variante noch nicht bekannt; daher bin ich teils auch selbst vom rechten Weg abgewichen. Die Wahrscheinlichkeit, dass man als Weißer nach 7.♘f3 die Diagrammstellung erreicht, beträgt dank Zugumstellungen etwa 20%. Da wäre eine meiner Partien wahrscheinlich dabei gewesen, wenn ich die Diagrammstellung angepeilt hätte.

♔ ♔ ♔ ♔ ♔

W22 Mit Weiß gegen Französisch mit 3.♘c3 ♘f6 4.♗g5 ♗b4

1.e4 e6 2.d4 d5 3.♘c3 ♘f6 4.♗g5 ♗b4

Dieser Zug, der die McCutcheon-Variante einleitet, ist fast so häufig wie die Alternativen 4...♗e7 (W20) oder 4...dxe4 (W21). Die nächsten Züge sind beiderseits die mit Abstand häufigsten.

5.e5 h6 6.♗d2

Ich hatte McCutcheon 7 Mal auf dem Brett, setzte hier aber anders fort.

6...♗xc3 7.bxc3 ♘e4 8.♗c1

Dieser Zug ist nur der dritthäufigste mit einem Riesenabstand zum Hauptzug 8.♕g4 (also mit Überraschungseffekt!), wird aber von Stockfish empfohlen.

8...c5

Dies ist klar häufiger als 8...♘xc3, wonach Weiß mit den Hauptzügen 9.♕g4 g6 10.♗d3 nur Ausgleich bei einem Minusbauern hat.

9.♘e2!

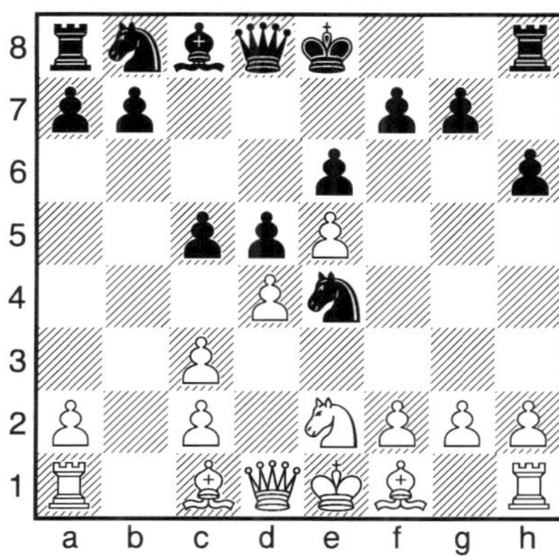

Dieser Zug, der bisher nur eine Häufigkeit von 20% hatte, wird jetzt auf höherem Niveau viel häufiger gespielt. Dennoch beruhen die folgenden (häufigsten) Züge nur auf eher wenigen Partien.

9...♕a5 10.f3 ♘xc3?

Hier muss Schwarz 10...♘g5 spielen, wonach man in einer fast normalen Winawer-Französisch-Stellung mit nur geringem weißem Vorteil angelangt ist. Der etwas abseits postierte ♘g5 stört Stockfish bei dieser Bewertung offenbar nicht, wohl jedoch die menschlichen Spieler.

11.♕d2 cxd4 12.♘xd4 ♕c7

12...♕c5 geht nach 13.a4 ♕c7 weiter wie im Text.

13.♗b2 ♕xe5+ 14.♔f2 ♘a4 15.♗b5+ ♗d7 16.♗xa4 ♗xa4 17.♕b4 +2.5

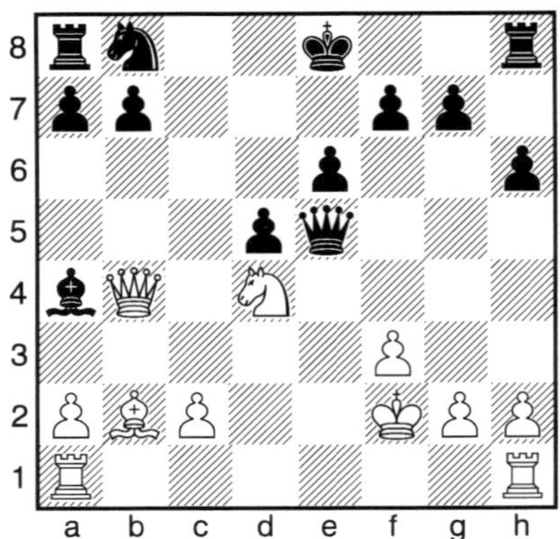

Angesichts der zahlreichen Drohungen gab Schwarz hier in 2 der 9 Partien auf. Stockfish stimmt mit mindestens +2.5 zu, auch wenn diese Bewertung nicht ganz offensichtlich ist. Doch es gibt auch einige Kurzpartien, vgl. z. B. Souleidis – Nideroest (2022). Jedenfalls hat Weiß einen dicken Fisch an der Angel, wenn Schwarz im 10. Zug den Köder frisst! Die Chancen dafür stehen gut: 7:1 bei meiner nicht aktuellen Datenbank, 23:12 bei Chessbase Ende 2023.

W23 Mit Weiß gegen Französisch mit 3.♘c3 dxe4

1.e4 e6 2.d4 d5 3.♘c3 dxe4 4.♘xe4 ♘d7

Öfters wird hier auch 4...♘f6 gespielt, was nach 5.♗d3 ♘bd7 zur Hauptvariante führt, während man nach 5...♗e7 6.♘f3 ♘bd7 7.♕e2 in die Untervariante b) gekommen ist.

5.♗d3

Hier ist ♘f3 sehr viel häufiger. Vielleicht ist deswegen bei Schwarz die Fehlermöglichkeit nicht so bekannt, die sich nach 5.♗d3 ergibt.

5...♘gf6 6.♕e2

a) 6...♘xe4

Hier ist 6...c5 häufiger (40%) als der Textzug (knapp 30%) und vermeidet auch die Fehlermöglichkeit. Ebenso häufig wie der Textzug ist 6...♗e7 (siehe Untervariante b).

7.♗xe4 ♘f6?

Dieser Fehler, der in 60% der Fälle geschieht, kam gegen mich in sechs Partien vor, und zwar in allen Partien mit 6...♘xe4, obwohl Schwarz ihn noch z. B. mit 7...c5 vermeiden könnte. Mit 7...♗e7 (15% Häufigkeit) 8.♘f3 ♘f6? hingegen nicht (siehe Untervariante b).

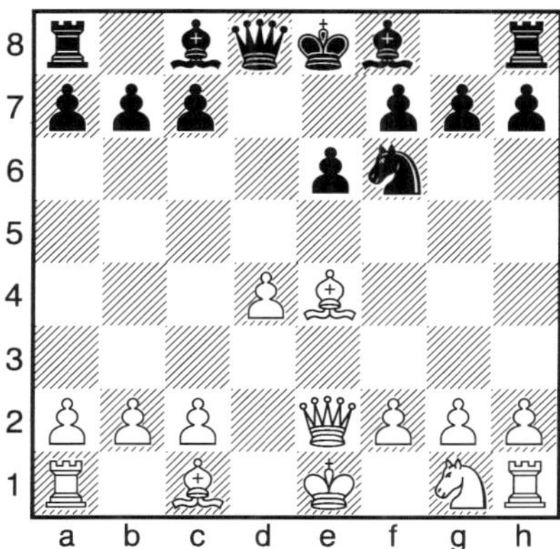

8.♗xb7 ♗xb7 9.♕b5+ mit einem glatten Mehrbauern.

b) 6...♗e7

Dies ist fast ebenso häufig wie 6...♘xe4.

7.♘f3

Der Einschub von ♗f8–e7 und ♘g1–f3 gegenüber a) ändert an der Fehlermöglichkeit nichts und erfolgt oft schon früher.

7...♘xe4

Häufiger ist hier 7...0–0 mit folgender Hauptvariante: 8.♗g5 c5 9.dxc5 ♘xc5 10.♘xc5 ♕a5+ 11.c3 =.

Zu 7...b6? siehe unten beim Schlussdiagramm.

8.♗xe4 ♘f6?

Dies wird in fast der Hälfte der Fälle gespielt.

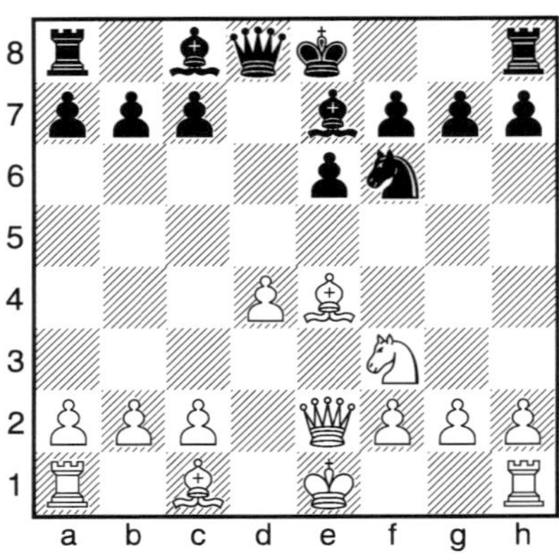

9.♗xb7 ♗xb7 10.♕b5+ wiederum mit einem Mehrbauern für Weiß.

Zum Schluss möchte ich noch auf eine etwas gehaltvollere Fehlermöglichkeit hinweisen, die sich ergibt, wenn Schwarz in Untervariante b) den Zug 7...b6? spielt, was in etwa 10% der Fälle geschieht. Dann kann Weiß mit 8.♘eg5! nach fast jeder Antwort von Schwarz den ♘g5 opfern, weshalb der Zug mit +1.4 bewertet wird. Die beste Antwort ist 8...♗b4+ 9.c3 ♗d6 10.♘xh7

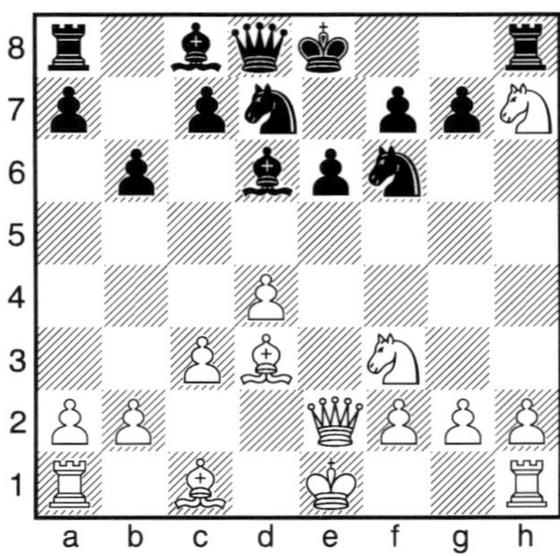

mit der Idee 10...♘xh7 11.♗xh7 ♖xh7? 12.♕e4 +2.0.

Tatsächlich gespielt wurde bisher 8...♗b7? 9.♘xf7 +2.0 – 8...0–0? 9.♘xh7 +2.0 und 8...h6? 9.♘xe6 +3.0.

♔ ♔ ♔ ♔ ♔

W24 Mit Weiß gegen Caro-Kann mit 3.♘c3 dxe4 4.♘xe4 ♗f5, Teil A

1.e4 c6 2.d4 d5 3.♘c3 dxe4 4.♘xe4 ♗f5

Dieser häufigste Zug kennzeichnet die klassische Variante im Unterschied zu den nicht ganz so häufigen Zügen 4...♘d7 (Variante W26) und 4...♘f6 (Variante W27).

5.♘g3 ♗g6 6.♗c4

Das ist nur der dritthäufigste Zug, mit großem Abstand nach 6.h4 und 6.♘f3. Er leitet ein auf Keres zurückgehendes aggressives Konzept ein, das in Teil B näher vorgestellt wird, siehe Variante W25.

6...e6

Dies ist der weitaus häufigste Zug; zu 6...♘f6 siehe W25.

7.♘1e2 ♗d6

Hier werden fast ausschließlich zwei Züge gespielt, der Textzug und das etwas weniger häufige 7...♘f6, siehe W25.

8.h4 h6 9.♘f4

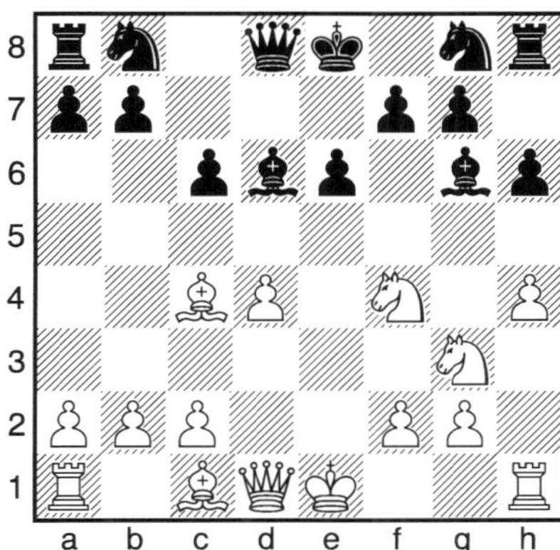

9...♗h7?

Dieser nicht fehlerhaft aussehende Zug wird nur in 10% der Fälle gespielt, aber der Repertoirespieler kann hoffen, dass ein mit dieser Variante nicht vertrauter Spieler häufiger so spielt, zumal dieser Zug ja auch in der klassischen Hauptvariante mit 6.h4 h6 7.♘f3 vorkommt. Auch von meinen sechs Gegnern wählten immerhin zwei den Textzug.

Der klar häufigste Zug in dieser Stellung ist 9...♗xf4. Wer die Variante mit 9...♗h7? nicht kennt, tauscht vielleicht seinen guten Läufer nicht so gerne gegen einen Springer. Weiß antwortet auf 9...♗xf4 10.♗xf4 ♘f6 mehrheitlich mit dem Bauernopfer

10.♕e2 =, welches aber nur selten angenommen wird (10...♕xd4 11.♗e5 mit Entwicklungsvorsprung für den Bauern).

10.♘gh5

Damit wird nicht nur die Idee des weißen Spiels klar, sondern auch der Grund, wieso die erfahreneren Schwarzspieler ihren guten Läufer im 9. Zug tauschen.

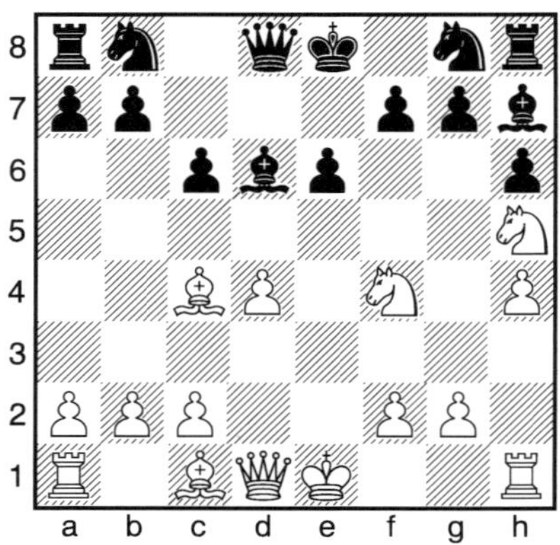

10...♗xf4

Das ist der häufigste Zug, aber ähnlich häufig (bei insgesamt nur noch wenigen Datenbank-Partien) sind noch zwei andere Züge:

a) 10...g6? 11.♘g7+!

Die Mehrzahl der Weißspieler zog den Springer nach g3 zurück.

11...♔d7

Das wurde in 5 von 6 Partien gespielt.

12.♘gxe6 fxe6 13.♗xe6+ ♔c7 14.♗h3 +3.0

b) 10...♗f8? 11.0-0!

Das wurde nur in zwei Partien gespielt.

11...♘f6 12.♗xe6!

In den beiden Partien gewann Weiß mit anderen Zügen.

12...fxe6 13.♘xe6 +3.0

11.♗xf4

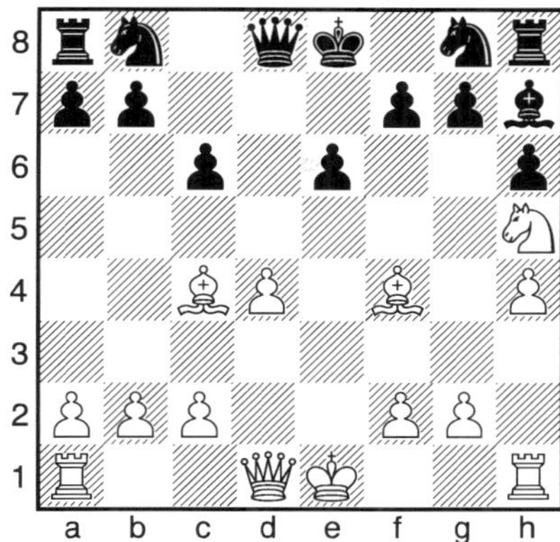

11...♔f8

Das ist der häufigste und relativ beste Zug (mit +1.2).

Auf 11...♗g6? und 11...♘f6? gewinnt Weiß jeweils mit 12.♘xg7+.

Auf 11...g6? gewinnt 12.♗e5 f6 13.♘g7+.

12.♗e5! ♘f6

Gleich verloren wäre 12...f6? 13.♕g4 ♕e7 14.♗d6 ♕xd6 15.♕xg7+ ♔e8 16.♕xh8 +−.

Der Textzug 12...♘f6 wurde auch in den drei verbliebenen Partien gespielt, und zwar mit der Folge

13.♘xf6 gxf6 14.♗f4.

Aber nun wurde jeweils ein anderer Zug gespielt. Stockfish empfiehlt einen vierten Zug und zwar 14...h5 mit der Bewertung +1.2.

Trotz des am Ende der Hauptvariante nur geringen Vorteils geben die vielen schwarzen Züge mit Fragezeichen dem Repertoirespieler gute Gewinnchancen. Manche dieser Züge muss man sich vielleicht mit Computerhilfe noch näher anschauen. Meine beiden Partien mit 9...♗h7? brachten mir Kurzsiege.

♔ ♔ ♔ ♔ ♔

W25 Mit Weiß gegen Caro-Kann mit 3.♘c3 dxe4 4.♘xe4 ♗f5, Teil B

1.e4 c6 2.d4 d5 3.♘c3 dxe4 4.♘xe4 ♗f5 5.♘g3 ♗g6 6.♗c4 ♘f6

Das viel häufigere 6...e6 ergibt nach 7.♘1e2 ♘f6 Zugumstellung zum Text bzw. nach 7...♗d6 zu W24.

7.♘1e2 e6 8.0–0 ♗d6 9.f4

Dieser Zug nebst f4–f5 ist die Idee des Keres-Angriffs. Mit dem folgenden Zug glaubt Schwarz, den Vorstoß f4–f5 indirekt zu verhindern, aber Weiß opfert einfach den Bauern h2.

9...♕c7 10.f5 exf5

10...♗xf5 11.♘xf5 ergibt Zugumstellung zu Untervariante b), und zwar sowohl nach 11...exf5 als auch nach 11...♗xh2+ 12.♔h1 exf5 13.♖xf5.

11.♘xf5

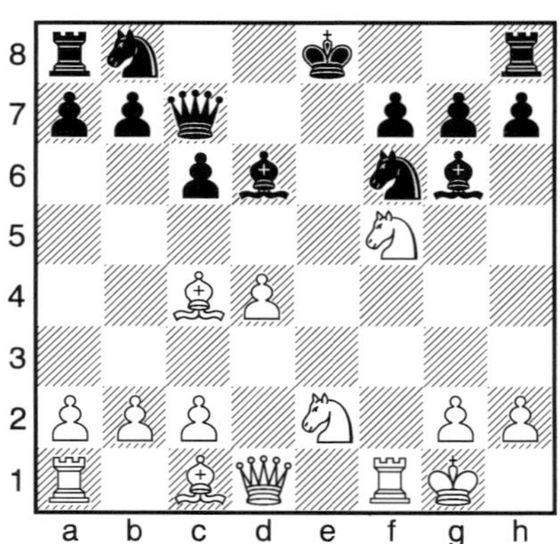

a) 11...♗xh2+?

Die Annahme des Opfers wird sich als Fehler erweisen. Besser ist das fast gleich häufige 11...♗xf5 (siehe b).

12.♔h1 0–0

Auch hier führt 12...♗xf5 13.♖xf5 zu b).

13.g3 ♗xf5?

Besser (aber weniger häufig) ist 13...♘g4! 14.♖f4! ♗xf5 15.♖xf5 +1.3, wobei in den vier verfügbaren Weißpartien im 14. Zug deutlich schwächer gespielt wurde als von Stockfish empfohlen.

14.♖xf5 ♗xg3

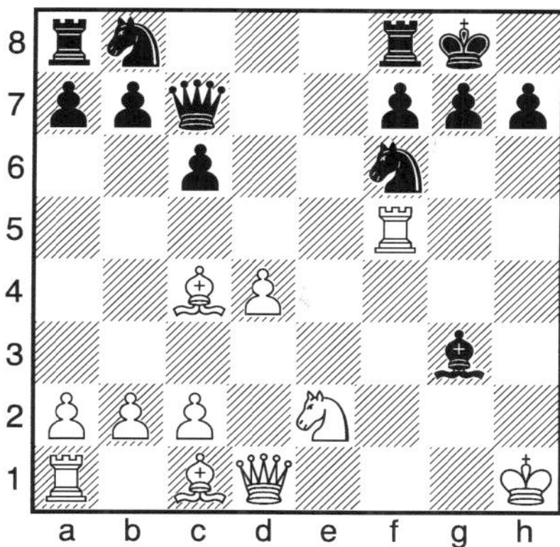

Soweit war alles seit 7...e6 der jeweils häufigste Zug. Keres setzte in der Stammpartie mit 15.♖xf6 fort, was letztlich zu einem damenlosen Mittelspiel mit Läuferpaar gegen Turm und zwei vereinzelte Bauern führte. Stockfish hält den folgenden (neuen) Zug für besser, der eine ganze Figur gewinnt (für die zwei Bauern, die Weiß investiert hat):

15.♕g1! (+3.0) **♘e4 16.♕e3**

In zwei meiner drei Partien mit dem Keres-Angriff erreichte ich auch diese Stellung. Meine Gegner gaben gleich eine Figur mit 16...♘d6 17.♕xg3 +- bzw. 16...♕e7 17.♘xg3 +-. Aber einen besseren Zug als 16...♕e7 gibt es laut Stockfish tatsächlich nicht. Das ist nur nachvollziehbar, wenn man bei folgender Variante, die zunächst als besser für Schwarz erscheinen mag, den weißen Gewinnzug sieht.

16...♘f2+ 17.♔g2 ♗h4 18.♖xf7! +-

b) 11...♗xf5 12.♖xf5 ♗xh2+ +0.6

In einer knappen Mehrzahl der Partien verzichtete Schwarz hier auf den Bauerngewinn und bot lieber selbst mit 12...♘bd7 13.♘g3 0-0-0 14.♗xf7 = einen Bauern an.

13.♔h1 ♗d6

Nicht besser ist das fast halb so häufige 13...♘bd7 14.♘f4!, denn 14...g6? scheitert an 15.♕e2+ ♔f8 16.♘e6+ +-.

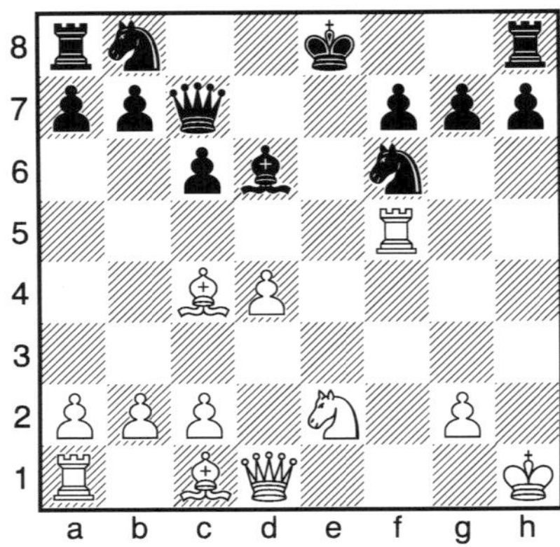

14.♗h6 ♖g8?

So wurde in der Hälfte der wenigen Partien gespielt, aber besser ist laut Stockfish das seltenere 14...gxh6 15.♖xf6 ♕e7! 16.♖f3 +0.7.

15.♘f4 (+2.0)

In den sechs Partien mit dieser Stellung holte Weiß nun bei vier verschiedenen Fortsetzungen 5,5 Punkte. Zu den beiden Zügen, die zweimal gespielt wurden, folgt je ein Beispiel für den Beginn der Gewinnführung (15...gxh6 16.♖xf6 ♗xf4 17.♕f3 +3.0 wurde bisher nicht gespielt.):

b1) 15...♕d7 16.♕d3 ♘a6 17 ♖e1+ ♔d8 18. ♗xg7 ♘g4 19.♘h5 ♘b4 20.♕f3 +-

b2) 15...♘bd7 16.♕e2+ ♗e7 17.♗g5 ♖f8 18.♘h5 0-0-0 19.♘xg7 ♘b6 20.♗xf6 ♗xf6 21.♖xf6 +-

Fazit: Der Keres-Angriff erscheint durch vielerlei Zugumstellungen etwas verwirrend und ist auch kombinatorisch anspruchsvoll beim Realisieren des Vorteils. Aber Schwarz hat nur bei Verzicht auf das Schlagen ♗xh2+ Remischancen, und wer verzichtet schon darauf, einen Bauern mit Schach zu gewinnen, wenn es so aussieht, als hätte der Gegner es übersehen?

W26 Mit Weiß gegen Caro-Kann mit 3.♘c3 dxe4 4.♘xe4 ♘d7

1.e4 c6 2.d4 d5 3.♘c3 dxe4 4.♘xe4 ♘d7

Das ist der zweithäufigste Zug, der etwa halb so oft gespielt wird wie das klassische 4...♗f5 (siehe Varianten W24 und W25). Für den dritthäufigsten Zug 4...♘f6 siehe Variante W27.

5.♗d3

Dies ist ein eher seltener Zug, der deutlich weniger oft gespielt wird als die Hauptzüge 5.♘f3, 5.♗c4 oder 5.♘g5. In der Regel ergibt sich aber eine Zugumstellung zu der Hauptvariante von 5.♘g5. Demgegenüber hat 5.♗d3 den Vorteil, weniger bekannt zu sein.

5...♘gf6

Dies ist der weitaus häufigste Zug.

6.♘g5

Hiermit will Weiß dem Springerabtausch entgehen und den Gegner zu 6...h6 provozieren, denn danach käme 7.♘e6 ♕b6 (nicht 7...fxe6? 8.♗g6#) 8.♘f3! und wieder ist 8...fxe6? schlecht, weil 9.♗g6+ ♔d8 10.0–0 von Stockfish mit +1.5 bis +2.5 bewertet wird, denn Schwarz kann sich kaum entwickeln und nicht mehr rochieren.

Aber 6...h6 wird nur in 5% der Partien gespielt. Schwarz sperrt lieber seinen ♗c8 mit 8...e6 ein und hofft, auf b7 ein Plätzchen für ihn zu finden.

6...e6 7.♘1f3 ♗d6

Dies wurde in 80% der Partien gespielt. Denn wieder ist 7...h6? (mit über 10% Häufigkeit) 8.♘xe6 eher zum Vorteil von Weiß,

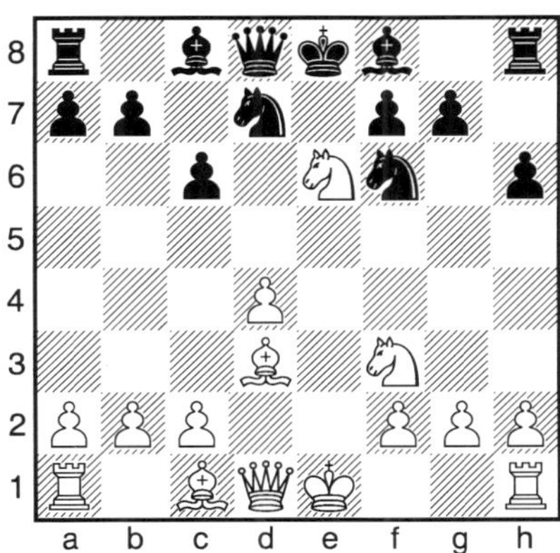

beispielsweise nach den häufigsten Zügen 8...♕e7 9.0–0 fxe6 10.♗g6+ ♔d8 11.♗f4 mit +1.5 bis +2.5 Bewertung und 80% Performance.

8.♕e2

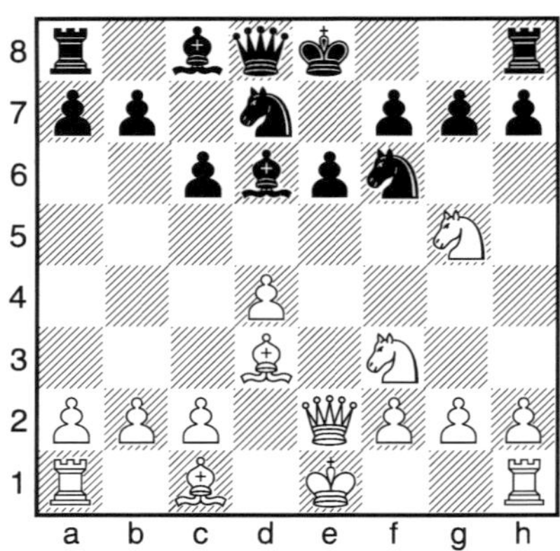

8...h6

Jetzt ist dieser Zug nicht mehr zum Vorteil von Weiß, vielmehr muss sich der ♘g5 nun zurückziehen.

Ein Fehler wäre hingegen 8...0–0? wegen 9.♘xe6 +2.0 mit Bauerngewinn und Stellungsvorteil.

Auch das seltene 8...♕c7? wäre ein Fehler wegen 9.♘xf7 ♔xf7? 10.♘g5+ +–.

9.♘e4 ♘xe4 10.♕xe4 ♘f6 11.♕e2 +0.3

Weiß hat nur geringen Vorteil, so wie es immer ist, wenn Schwarz alle Klippen umschifft hat. Aber es gibt einige einladende Klippen. In meinen sieben Caro–Kann–Partien mit 5.♗d3 blieben drei Gegner in den Klippen hängen – eine überraschend hohe Trefferquote, da die Klippen in der Datenbank eine nur geringe Häufigkeit haben.

W27 Mit Weiß gegen Caro-Kann mit 3.♘c3 dxe4 4.♘xe4 ♘f6

1.e4 c6 2.d4 d5 3.♘c3 dxe4 4.♘xe4 ♘f6

Das ist die dritte der drei Hauptfortsetzungen.

5.♘xf6+ exf6

Hier zeigt sich ein seltsames Phänomen. Gemäß meiner Datenbank von 2019 ist an dieser Stelle 5...gxf6 deutlich häufiger (60:40) als 5...exf6. Dagegen weist die aktuellere database.chessbase.com unter den Partien nur der Meisterspieler ein klares Plus für 5...exf6 aus, insbesondere in den letzten Jahren. Auch bei meinen eigenen Partien, in denen ich siebenmal den Zug 4...♘f6 auf dem Brett hatte, wurde in den frühesten drei Partien 5...gxf6 gespielt (die letzte vor acht Jahren), in den vier späteren aber 5...exf6.

6.c3 ♗d6 7.♗d3 0–0 8.♕c2 ♖e8+ 9.♘e2 g6?

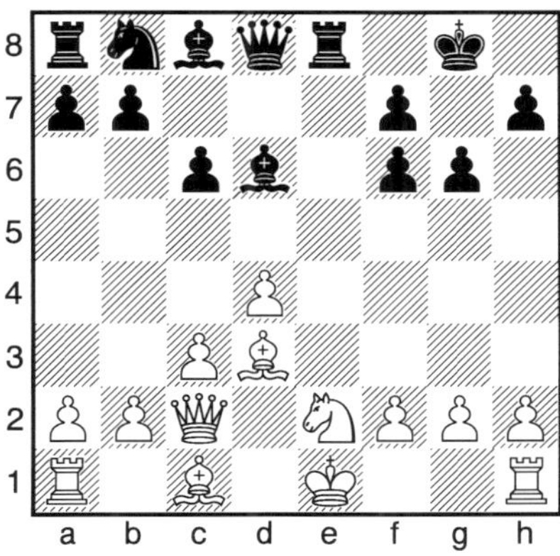

Alle Züge dieser Variante ab 6.c3 waren bis 9...g6? stets die häufigsten (9...g6? gleichauf mit 9...h6 zu je einem Drittel). Und man stößt auf ein weiteres Phänomen, welches das vorige weitgehend erklärt: Zu dieser Stellung gibt es bei Chessbase sehr viele Meisterpartien aus den Jahren 2018–2023 mit dem bis dahin so gut wie nie gespielten Zug 9...h5, der aber zusammen mit 9...h6 von Stockfish empfohlen wird.

Bei etwas näherer Prüfung der Partien mit 9...h5 sah ich, dass dieser Zug auch in der berühmten Partie Duda – Carlsen, Altibox Norway Chess 2020, gespielt wurde, welches die erste klassische Turnier-Partie war, die Carlsen nach einer über zweijährigen verlustfreien Phase verlor (nicht wegen 9...h5). Das erklärt die Popularität von 9...h5 (und damit auch von 5...exf6) bei den Meisterspielern.

Von meinen vier Gegnern spielten zwei den Textzug 9...g6?, einer 9...h6 und keiner 9...h5, obwohl alle vier Partien aus den Jahren 2022 bzw. 2023 stammen.

10.h4 ♘d7 11.h5 ♘f8 12.♗h6 ♗e6

Dies sind wieder die besten und häufigsten Züge, aber 12...♗e6 wurde nur in einem Drittel der Partien gespielt. Drei weitere Züge sind fast ebenso gut und ebenso häufig, nämlich 12...f5, 12...♕e7 und 12...♕c7. Davon hat letzterer eine sehr niedrige Performance von 15%. Tatsächlich wird nach 12...♕c7 13.0–0–0 ♗e6 14.c4 in der Hälfte der (wenigen) Partien der Fehler 14...♖ad8? 15.hxg6 +2.5 gemacht. Auch meine beiden Partien mit 9...g6? wichen im 12. Zug mit 12...♕c7 bzw. 12...f5 ab.

13.0–0–0 b5

Auch dies sind die beiden häufigsten und besten Züge. Mit der jetzt erreichten Stellung gibt es nur noch sehr wenige Partien, in denen Weiß aber nun ebenfalls vom besten Weg abkam.

Stockfish empfiehlt hier

14.hxg6 fxg6 15.♗xf8 ♗xf8.

Diese Stellung wurde in nur zwei Partien erreicht und in beiden folgte das Opfer auf g6, was aber laut Stockfish remis ergeben sollte.

Besser ist

16.♘f4! ♗f7 17.♖xh7

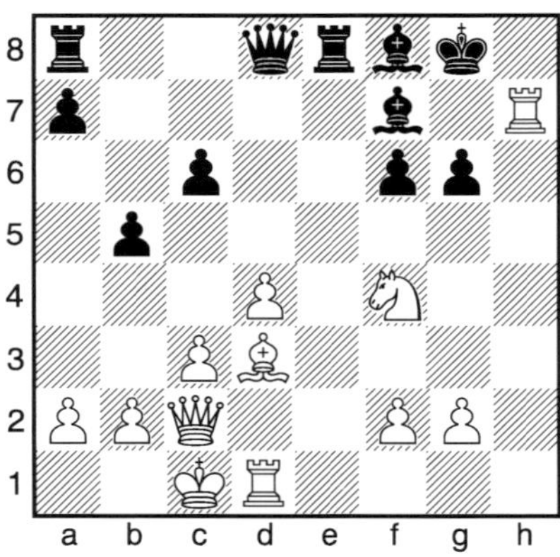

17...♕d6

Dies ist nach Stockfish der einzige Zug, mit dem sich Schwarz halten kann (+0.8), z. B. 17...♔xh7? 18.♗xg6+ ♔g8 19.♗xf7+ ♔xf7 20.♕b3+ ♔g7 21.♖d3 +–.

18.g3 f5 19.♖dh1 ♗g7? 20.♗xf5 gxf5 21.♕xf5 ♕f6 22.♖xg7+ ♕xg7 23.♖h4 +–

Nur nach einem weiteren einzigen Zug 19...♖e1+ und der Folge 20.♖xe1 ♔xh7 (+0.8) hätte sich Schwarz halten können.

Der Fehler 9...g6? geschieht zwar früh und ist somit durchaus in Reichweite, aber mit +0.8 ist er nicht sehr groß und verspricht Weiß nur das bessere Spiel. Aber wenn man die daran anschließende Hauptvariante kennt, hat man die Chance, dass der Gegner auch bei einer der weiteren erwähnten Schwierigkeiten fehl greift.

♔ ♔ ♔ ♔ ♔

W28 Mit Weiß gegen Pirc

1.e4 d6 2.d4 ♘f6 3.♘c3 g6

Dies sind die Einleitungszüge der Pirc-Verteidigung. Eine mittlerweile recht große Anhängerschaft hat der (mögliche) Übergang zur Philidor-Verteidigung mit 3...e5 (siehe Variante W29). Die Hauptfortsetzungen nach 3...g6 sind 4.f4, 4.♘f3 und 4.♗e3. Der hier empfohlene Textzug 4.♗g5 steht in der Häufigkeits-Reihenfolge mit 10% erst an vierter Stelle, steht den anderen Zügen aber in sonst nichts nach, sondern beinhaltet eine aggressive Idee.

4.♗g5 ♗g7 5.e5

Dies ist die aggressive Idee, die durch den möglichen Damentausch erst richtig gefährlich wird. Eher ähnliche Stellungen wie in den Pirc-Hauptvarianten ergibt das häufigere 5.♕d2.

5...dxe5

Etwa gleich häufig ist 5...♘fd7, worauf Weiß am besten mit 6.f4 oder 6.exd6 fortsetzt. Gegen mich wurde in sechs von neun Partien mit 5.e5 der Textzug 5...dxe5 und in drei 5...♘fd7 gespielt.

6.dxe5 ♕xd1+

Dies spielten rund 60%; 30% zogen 6...♘g4 (7.♕xd8+ ♔xd8 8.0-0-0+ ♗d7 9.e6 mit beiderseits schwierigem Spiel) und 10% zogen 6...♘fd7 (7.e6 +0.3). Bei mir war die Verteilung 2:2:1.

7.♖xd1

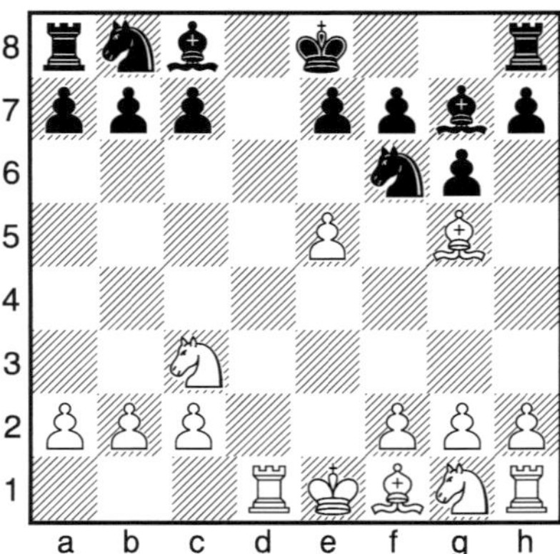

a) 7...♘g4?

Dies spielte rund die Hälfte, ein Drittel zog 7...♘fd7 (siehe b).

8.h3 ♘xe5

Mein einziger Gegner mit dieser Stellung roch den Braten und gab mit 8...♗xe5! gleich die Figur gegen zwei Bauern.

9.♘d5 +– **♔d7**

In einer deutlichen Mehrheit der Partien gab Schwarz hier mit 9...0–0 10.♘xc7 eine Qualität ohne Kompensation. Aber egal, was Schwarz zieht, die Bewertung liegt bei +3.0, z. B. 9...♔d8 10.♗xe7+! ♔d7 11.♗f6!, wobei die Ausrufezeichen zeigen, dass auch Weiß optimale und suboptimale Züge hat.

10.♘xe7+! ♔e6 11.♘d5 ♔d6 12.f4! +–

mit dem möglichen Kurzschluss 12...♘ed7 13.♘e7+ ♔e6? 14.♗c4#.

b) 7...♘fd7 8.♘d5 ♗xe5 9.♘f3 ♗d6?

Dies ist der mit Abstand häufigste Zug (75%). Richtig ist jedoch 9...e6 10.♘xe5 exd5 11.♖xd5 +0.5, was aber nur in 15% der Partien gezogen wurde.

10.♗xe7 ♗xe7 11.♘xc7+ ♔d8

Das in 20% der Fälle gespielte 11...♔f8? ist schwächer.

12.♘xa8 b6!

Nicht viel schwächer ist 12...♗f6 13.♘d4 +1.0.

Dagegen ist das häufigste 12...♖e8? 13.♗c4 +1.5 deutlich schwächer.

13.♘e5 ♗b4+ 14.c3

Stockfish bewertet dies zwar nur mit +1.0, aber die drei Datenbank–Partien mit dieser Stellung brachten Weiß 2,5 Punkte. Mein einziger Gegner in dieser Variante b) zog viel schwächer (was für mich kaum erkennbar ist) 13...♖f8 14.♗c4 +2.5 und ich hatte letztlich eine gesunde Qualität mehr.

Insgesamt ist zwar die Hauptvariante a) recht attraktiv, aber es gibt doch viele Möglichkeiten abzuweichen, die Weiß kein leichtes Spiel geben. Von meinen neun Partien mit 5.e5 kam ich nur in einer einzigen in diese Hauptvariante. Daher bin ich in letzter Zeit von dieser Behandlung der Pirc–Eröffnung abgekommen und habe mit anderen Varianten experimentiert. Eine solche Möglichkeit ist der sich nach 4.♗e3 ♗g7 ergebende Übergang zu der Untervariante b) von Variante W32.

♔ ♔ ♔ ♔ ♔

W29 Mit Weiß gegen Pirc–Philidor

1.e4 d6 2.d4 ♘f6 3.♘c3 e5

Dieser Zug ist mit ca. 20% der zweithäufigste nach 3...g6 (siehe W28). Den mit etwas über 10% dritthäufigsten Zug **3...c6** hatte ich dreimal auf dem Brett und möchte ihn wegen einer Besonderheit hier kurz näher vorstellen. Nach der Fortsetzung 4.f4 ♕a5 5.♗d2! e5 6.♘f3 ♗g4 (6...exd4 ist etwas häufiger) 7.dxe5 dxe5 8.fxe5 ♘fd7 empfiehlt Stockfish den noch nie gespielten Zug 9.♗c4 und zeigt gegen die natürliche Antwort 9...♘xe5 für 10.♘xe5 eine überraschend hohe Bewertung von über +4.0. Ähnliches gilt bei der Antwort 9...♗xf3 für 10.♗xf7+. Zum genaueren Studium empfohlen!

Zurück zu 3...e5, was in den letzten Jahrzehnten sehr viel populärer geworden ist. Das liegt nicht zuletzt daran, dass das damenlose Spiel nach 4.dxe5 dxe5 5.♕xd8+ ♔xd8 eine deutliche bessere Performance für Schwarz gezeitigt hat als für Weiß. Daher weicht Weiß der Philidor–Stellung besser nicht aus, die sich nach folgendem Zugpaar ergibt:

4.♘f3 ♘bd7

Diese Philidor–Stellung mit Stützung des Bauern e5 lässt sich von Schwarz nach dem normalen Philidor–Beginn 1.e4 e5 2.♘f3 d6 3.d4 weder durch 3...♘bd7 (wegen 4.♗c4) noch durch 3...♘f6 (wegen 4.dxe5) zwingend erreichen, da Weiß durch den jeweils angegebenen 4. Zug spürbar in Vorteil kommt. Deswegen ist der Zugang über Pirc beliebter geworden.

Statt des Textzuges 4...♘bd7 wird in nur gut 10% der Partien hier der Übergang 4...exd4 5.♘xd4 zu Philidor mit 3...exd4 (siehe W18) gewählt.

5.♗c4 ♗e7 6.0–0 0–0 7.♖e1 c6 8.a4

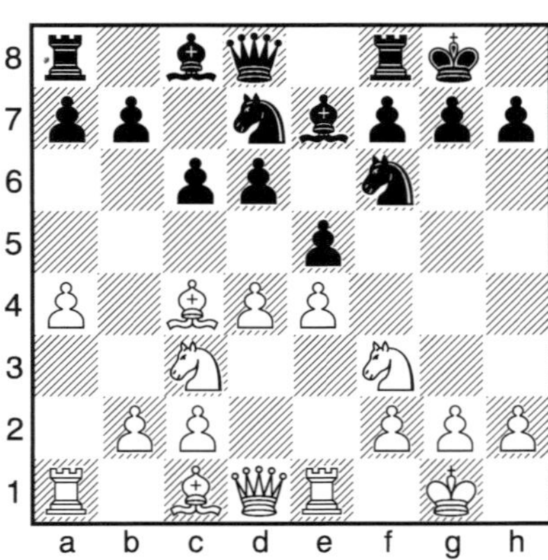

Bis hierher spielten beide Seiten den jeweils klar häufigsten Zug. Im Folgenden gibt es nicht mehr so deutliche Präferenzen und viele verschiedene Zugreihenfolgen, insbesondere bei Schwarz; oft wird auch a7–a6 eingeschoben. Dadurch reduziert sich die Anzahl der Partien pro Variante erheblich. Auch von meinen ursprünglich 7 Partien mit 5.♗c4 sind die letzten hier mit 8...h6 abgewichen.

8...♕c7 9.h3 b6 10.♗a2 ♗b7 11.♘h4 ♖fe8 12.♘f5 ♗f8 13.dxe5

Mit dieser Stellung gibt es gerade mal sieben Partien, obwohl beide Seiten der Standardaufstellung gefolgt sind.

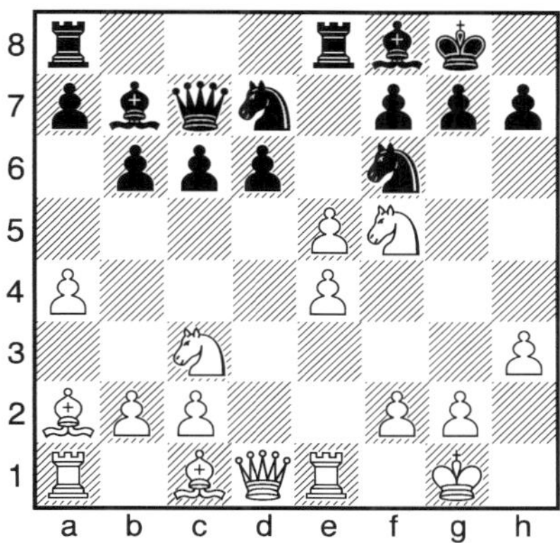

13...dxe5?

Dies ist mit fünf Partien deutlich häufiger als das bessere 13...♘xe5! 14.♗g5 ♘fd7 15.♕d2 +1.0, das nur zweimal gespielt wurde. Die Bewertung mit +1.0 rührt nicht von einem einzelnen Zug her, sondern hat sich schrittweise akkumuliert.

14.♕f3 +1.9 mit Röntgenblick nach f7.

Während es mit dieser Stellung dank Zugumstellungen noch neun Partien gibt, zog nun fast jeder Weißspieler etwas anderes. Ein Beispiel für die Gewinnführung stammt aus der Partie Fedorchuk – Moussard (2011): 14...♖ad8 15.♗g5 g6 16.♘e3 ♗e7? 17.♘g4 und die Stellung ist angesichts von 17...♔g7 18.♖ad1 h5 19.♖xd7 verloren.

Insgesamt erzielte Weiß in den neun Partien eine Performance von fast 90%. Nach dem Fehler 13...dxe5? hat er beste Chancen, die Partie zu gewinnen.

♔ ♔ ♔ ♔ ♔

W30 Mit Weiß gegen Skandinavisch mit 2...♕xd5

1.e4 d5

Stockfish hält diesen Zug schon für zweifelhaft (+0.6). Aber für Weiß ist die Steigerung dieses kleinen Vorteils zu etwas Greifbarem nicht einfach.

2.exd5 ♕xd5

Dies ist die Hauptantwort. Ebenfalls sehr häufig ist das Marshall-Gambit 2...♘f6 (siehe Variante W31).

3.♘c3 ♕a5

Auch hier gibt es mit 3...♕d6 eine häufige Alternative. Meine Gegner wählten elfmal den klassischen Zug 3...♕a5 und fünfmal 3...♕d6.

4.d4 ♘f6

Hier wird häufig auch 4...c6 gespielt, was aber oft nur eine Zugumstellung bedeutet, da ♘f6 früher oder später sowieso geschieht.

5.♘f3 ♗g4

Hier wird 5...c6 oder 5...♗f5 ähnlich häufig wie 5...♗g4 gespielt. Nach 5...c6 6.♘e5 ♗f5 bzw. nach der Zugumstellung 5...♗f5 6.♘e5 c6 ergibt sich nach 7.g4 ♗g6? 8.h4 jeweils die gleiche Stellung wie in der Hauptvariante nach 9.h4, also einen Zug später, da dort der weiße Bauer über h3 nach h4 zieht und der schwarze Läufer über h5 nach g6. Zum Fragezeichen bei 7...♗g6? siehe nächste Anmerkung.

6.h3 ♗h5 7.g4 ♗g6 8.♘e5 c6? +2.0

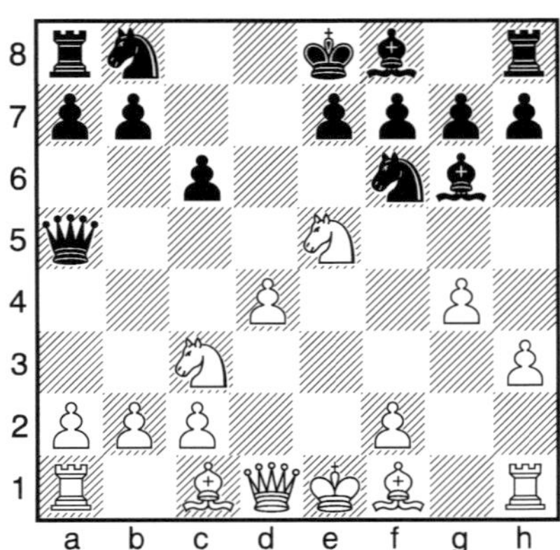

Dies ist mit über 20% nur der zweithäufigste Zug.

8...e6 ist (ungeachtet der Antwort 9.♘c4) besser und deutlich häufiger (60%).

Besonders erstaunlich ist, dass Stockfish 8...c6? als Fehler ansieht. Offenbar ist die

Lage am Königsflügel schon soweit fortgeschritten, dass die schwarze Stellung jetzt diesen Sicherungszug am Damenflügel nicht mehr verträgt. Bei den eben erwähnten Zugumstellungen im 5. Zug sieht Stockfish die Fehlerursache nicht im Zug c7–c6 sondern in 7...♗g6?, denn der Läufer sollte sich besser nach e6 zurückziehen.

Im Folgenden ziehen beide Seiten den jeweils häufigsten Zug.

9.h4

Nun sind die genannten Zugumstellungen wieder vereint mit zusammen über 200 Partien und einer Performance von 75%. Wenn man diese Stellung mit Weiß erreicht, hat man also schon drei Viertel des Gewinnpunkts geschafft.

9...♘bd7 10.♘c4 ♕c7 11.h5 ♗e4 12.♘xe4 ♘xe4 13.♕f3

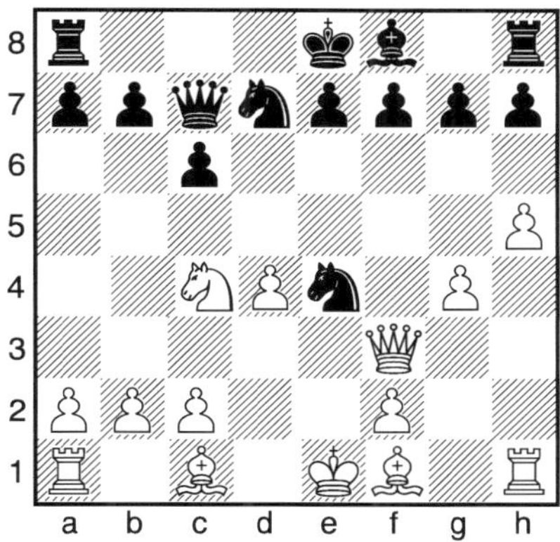

13...♘d6

Dies ist besser und deutlich häufiger als 13...♘ef6?, nach dem sich aber ein rascherer Schluss ergibt: 14.♗f4 ♕d8 15.g5! (laut Stockfish besser als das häufigere 0–0–0) 15...♘d5 16.g6 f6 (oder 16...f5 17.♗g5 +–) 17.♗g3 ♘7b6 18.♘e5 hxg6 19.♘f7 +–.

14.♗f4 ♘b6 15.0–0–0 ♘bxc4 16.♗xc4 e6 17.♗b3 0–0–0 18.c4 ♕d7 19.♔b1 +3.0

Soweit die Variante der häufigsten Züge, wobei es mit dem letzten Zug nur noch eine Partie gibt (Bodnaruk – Nikitina, 2018). Auch wenn Schwarz in dieser Partie bald aufgab, wartet im allgemeinen wohl noch ein gutes Stück Arbeit auf Weiß. Dennoch sagen Stockfish-Bewertung und Performance, dass dies eine für ihn sehr chancenreiche Variante ist.

W31 Mit Weiß gegen Skandinavisch mit 2...♘f6

1.e4 d5 2.exd5 ♘f6

Dieses Marshall–Gambit (nicht zu verwechseln mit dem Marshall–Angriff) wird im Schwarz–Repertoire viel ausführlicher behandelt, aber eben aus schwarzer Sicht.

3.d4 ♘xd5 4.♘f3

Der zweithäufigste Zug, aber fast so häufig wie 4.c4.

4...♗g4

Dies und das geringfügig häufigere 4...g6 sind die klaren Hauptzüge. Wer sich gegen 4...g6 vorbereiten will, findet in den Varianten S3 und S4 einige Hinweise (aus Sicht des Schwarzen).

5.c4 ♘b6

Dies ist mit über 80% klar am häufigsten.

6.c5

Obwohl dieser Zug den weißen Einfluss auf das Zentrum reduziert, ist er der stärkste. Normalerweise würde man denken, dass der ♘b6 nun auf d5 einen guten Platz hat, aber in Untervariante b) wird das Gegenteil bewiesen. Daher ist 6...♘6d7 viel häufiger (70%).

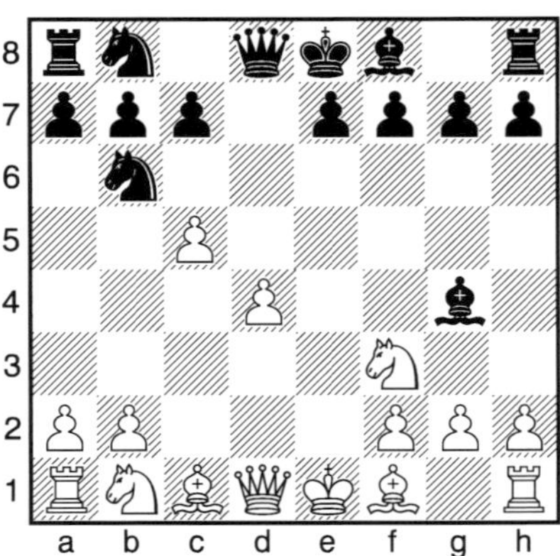

a) 6...♘6d7

Diesem häufigsten Zug folgt eine lange Kette weiterer häufigster Züge von beiden Seiten (bis zum 20. Zug). Dabei reduziert sich die Anzahl der Partien von über 500 auf nur noch 3.

7.♗c4 e6 8.h3 ♗h5 9.♘c3 ♗e7 10.♗e3 0–0

Stockfish kritisiert das und empfiehlt 10...♘c6 oder 10...c6 (mit Bewertungen zwischen +0.5 und +1.0) und lässt meist auch noch ♗h5xf3 folgen. Denn wenn Schwarz nach z.B 10...c6 doch kurz rochiert und der Läufer immer noch auf h5 steht, dann dürfte der gleiche Angriff wie in der Hauptvariante auch hier sehr chancenreich sein.

11.g4 ♗g6 12.h4 h5 13.♘g5 ♘f6 14.gxh5 ♗xh5 15.♗e2 ♗xe2?

Hier gefällt Stockfish 15...♗g6 mit +1.5 deutlich besser gegenüber +2.5 für 15...♗xe2.

16.♕xe2 ♘c6 17.0–0–0 ♘b4 18.d5 ♘bxd5 19.♘xd5 exd5 20.♗d4 +–

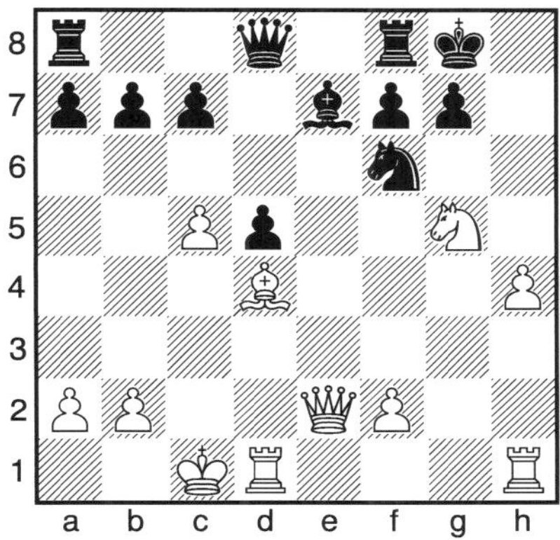

Dies ist die Stellung nach den beiderseits häufigsten Zügen ab 5...♘b6. Schwarz ist verloren, denn gegen ♕c2 ist er machtlos.

b) 6...♘d5?

Dies wird zwar nur in etwas über 20% der Fälle gespielt, dürfte aber häufiger bei Klubspielern zu finden sein, die diese Variante nicht kennen. Aber auch Weiß muss sorgfältig spielen, denn es ist eine sehr taktische Variante, wobei die Konsequenzen der meisten Züge nicht leicht einzuschätzen sind.

7.♕b3 ♗xf3

Dies wird ebenso häufig gespielt wie der Rückzug 7...♗c8 +1.0, nach dem Weiß zwar keinen Materialvorteil, dafür aber einen deutlichen Entwicklungsvorsprung hat.

Der dritthäufigste Zug 7...b6? (20%) ist wegen der Antwort 8.♘e5 +– ein entscheidender Fehler, z.B. 8...♗e6 9.♗b5+ ♘d7 10.♗xd7+.

Schließlich ist noch 7...♘c6 8.♕xb7 ♘db4 zu erwähnen (10% Häufigkeit), wo einzig mit 9.♗b5 die Doppeldrohung ♘b4–c2 und ♖a8–b8 unschädlich gemacht werden kann und Weiß nach 9...♗d7 10.♗xc6 ♘xc6 11.0–0 +1.0 einen gesunden Mehrbauern hat.

8.♕xb7 ♘e3?

Dies ist der häufigste Zug, aber fast ebenso häufig ist der einzig richtige Zug 8...♘d7 (mit der möglichen Folge 9.gxf3 e6 10.♘c3! +1.0).

Auch auf den dritthäufigsten Zug 8...♘b4? ist 9.gxf3! die einzige Gewinn versprechende Fortsetzung.

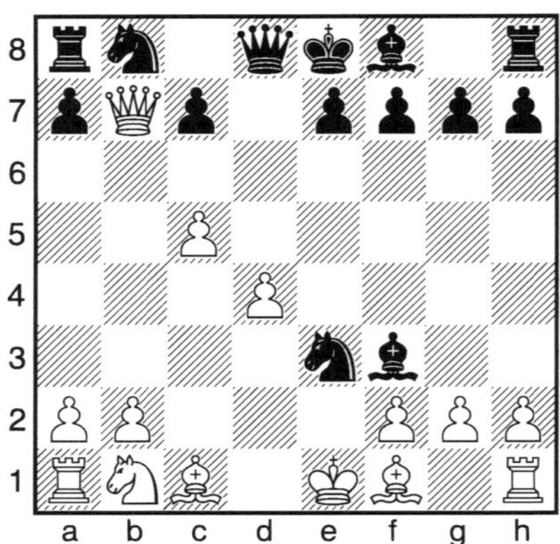

9.gxf3!

9.♕xf3 ♘d5 ist mühsamer für Weiß.

9...♘c2+ 10.♔d1 ♘xa1 11.♗b5+ +–, weil Schwarz den ♘a1 letztlich verliert.

Die Varianten a) und b) sind zwar sehr verschieden, aber ihre Botschaft ist dieselbe: Mit 4...♗g4 gibt Schwarz dem Gegner ausgezeichnete Gewinnchancen. In meinen vier Partien mit dieser Eröffnung wurde je zweimal 5...♘b6 bzw. 5...♘f6 gespielt, und in den 5...♘b6–Partien kam es je einmal zu 6...♘6d7 bzw. 6...♘d5.

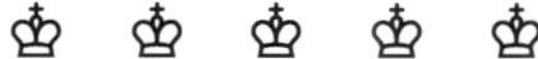

W32 Mit Weiß gegen das Königsfianchetto

1.e4 g6 2.d4 ♗g7 3.♘c3 d6 4.♗e3

a) 4...a6 5.♕d2 b5

Bis hierher spielten beide Seiten den jeweils häufigsten Zug. Bei Schwarz bleibt dies so, aber Weiß spielt im folgenden nicht immer den häufigsten Zug, sondern den mit der besten Performance. Außerdem sind einige Zugumstellungen möglich.

6.h4 h5 7.0–0–0 ♗b7 8.♘h3 ♘d7 (8...b4 9.♘d5) **9.♘g5 ♖c8?**

Auch dieser Zug ist der häufigste (nur wenig mehr als 9...e6 mit +0.5) und wurde in rund einem Drittel der Partien gespielt, aber er ist laut Stockfish ein erheblicher Fehler. Allerdings haben auch die viel mehr Partien, in denen nicht 9...♖c8? oder 10.e5! gespielt wurde, eine Performance von 70% zu Gunsten von Weiß. Also muss die schwarze Stellung schon fragwürdig sein.

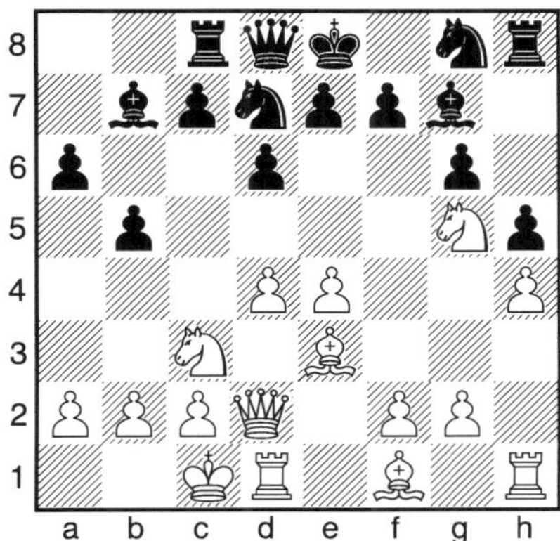

10.e5! +2.0

Weiß öffnet (nur in einer Handvoll Partien) Linien gegen den schwarzen König. Die Details sind für einen Klubspieler wie mich nicht offensichtlich, daher verweise ich auf Stockfish und die Partie Zeller – Schulz, K. (2016): 10...dxe5 11.dxe5 ♗xe5 12.♗d3 ♘f8 13.♗xb5+ axb5 14.♕xd8+ ♖xd8 15.♖xd8+ ♔xd8 16.♘xf7+ ♔c8 17.♘xe5 und Weiß gewann nach weiteren 10 Zügen.

b) 4...♘f6

Durch diesen zweithäufigsten Zug wird eine Stellung erreicht, die auch aus der Pirc-Verteidigung entstehen kann, und zwar nach 1.e4 d6 2.d4 ♘f6 3.♘c3 g6 4.♗e3 ♗g7.

5.f3 0–0

Diese frühe Rochade, die ihren Platz als häufigster Zug hauptsächlich aufgrund länger zurückliegender Partien hat, wurde schon häufig kritisiert, aber trotzdem oft gespielt. In vier von meinen acht Partien mit 4.♗e3 rochierte Schwarz im 4. oder 5. Zug und spielte dann sofort e7–e5. Die folgenden Züge zeigen, dass Weiß nach 5...0–0 zu einem nachhaltigeren Angriff kommt als Schwarz. Der Gewinn ist aber zumindest für Klubspieler nicht so einfach, wie die hohe Bewertung nach 13.h5 vermuten lässt.

6.♕d2 c6

Hier ist 6...e5 etwas häufiger. Dafür verweise ich auf den Klassiker Tseshkovsky – Vorotnikov aus dem Jahr 1985, der – obwohl aus Philidor entstanden – immer noch die weiße Vorgehensweise anhand der (bis heute) häufigsten Züge zeigt:
6...e5 7.♘ge2 ♘c6 8.0–0–0 exd4 9.♘xd4.
Ab jetzt beginnt die Original–Zugreihenfolge.
9...♘xd4 10.♗xd4 ♗e6 11.g4 c5 12.♗e3 ♕a5 13.♗h6 ♗xh6 14.♕xh6 b5 15.♗xb5 ♖ab8 16.♕f4 ♘e8 17.♗xe8 ♖fxe8 18.♖xd6 ♗xa2 19.♕f6 ♗e6 20.♖hd1 +2.0, 1–0 (31)

Statt 6...e5 oder 6...c6 bevorzugt Stockfish den Zug 6...c5, der aber so gut wie nie gespielt wurde und ein Bauernopfer beinhaltet.

7.0–0–0 b5 8.♗h6 ♕a5 9.♔b1 b4 10.♘ce2 ♗e6? (besser 10...c5 11.h4 +1.0) **11.♘c1 ♘bd7 12.h4 ♘b6?** (besser 12...♗xh6 +2.0)

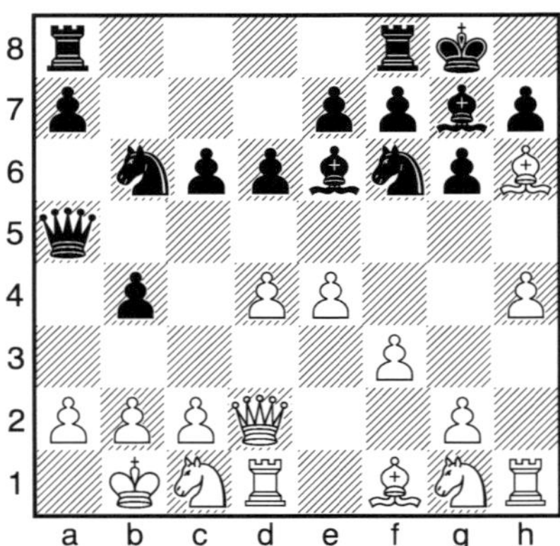

13.h5 +3.0.

Soweit die häufigsten Züge seitens Schwarz (von Weiß nicht immer). Es gibt nur wenige Partien mit dieser Stellung, aber deren sehr hohe Performance zugunsten von Weiß bestätigt die Stockfish–Bewertung von +3.0. Aus den Partien und mit Hilfe von Stockfish ergibt sich folgende Beispielvariante für den Anfang des Gewinnweges:
13...♘c4 14.♗xc4 ♗xc4 15.hxg6 fxg6 16.♗xg7 ♔xg7 17.♕h6+ ♔f7 18.♘h3 ♔e8 19.e5 (19.♘g5? ♘g8 20.♕h4 h6) dxe5 20.♘g5 +–,
denn die Bauern h7 und g6 fallen.

Fazit: Zu der Tatsache, dass die beiden Gewinnstellungen in a) und b) von Klubspielern nicht leicht als solche erkannt werden, kommt noch, dass es mir nicht gelungen ist, einfachere häufige Fehlzüge mit einem Bewertungsunterschied von mindestens +1.0 in dieser Eröffnung zu finden. Für mich ergibt sich daraus die Erkenntnis, dass das Königsfianchetto für Klubspieler keine der einfacheren Eröffnungen ist, egal auf welcher Seite des Brettes er sitzt.

♔ ♔ ♔ ♔ ♔

W33 Mit Weiß gegen die Aljechin–Verteidigung

1.e4 ♘f6 2.e5 ♘d5 3.d4 d6 4.c4

Hier ist zwar 4.♘f3 deutlich häufiger, aber da Weiß c2–c4 auch im 3. Zug ziehen kann, sind insgesamt beide Züge in etwa gleich häufig.

4...♘b6 5.exd6 cxd6

In der Abtauschvariante 5.exd6, die etwa doppelt so häufig ist wie der Vierbauern-angriff 5.f4, ist 5...exd6 fast ebenso häufig wie der Textzug 5...cxd6.

6.♘c3 g6 7.♗e3 ♗g7 8.♖c1

Dieser Zug bereitet b2–b3 vor, um den ♗f1 von der Deckung des Bauern c4 zu entbinden, und ermöglicht d4–d5 als Antwort auf ♘c6.

8...0–0 9.b3 ♘c6

Dieser Zug ist zwar der häufigste, aber mit nur knapp 40%. Der zweithäufigste ist 9...e5 mit rund 25% und der Hauptfolge 10.dxe5 dxe5 11.♕xd8 ♖xd8 12.c5 +0.2.

10.d5 ♘e5 11.♗e2 f5 12.f4 ♘g4 13.♗xg4 fxg4 14.♘ge2 e5 15.dxe6 ♗xe6 16.0–0 ♕e7 17.♗d4

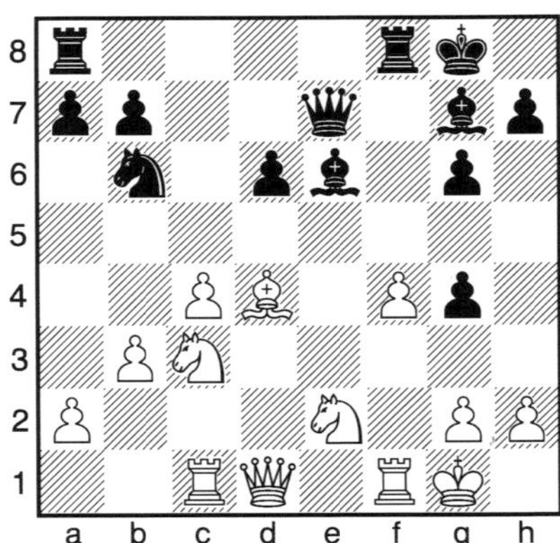

Beide Seiten haben bis jetzt den jeweils häufigsten Zug gespielt (ab 4...♘b6), aber nur rund 20 Partien haben bis hierher mitgehalten. Die Bewertung von Stockfish ist aufgrund kleinerer Ungenauigkeiten von Schwarz (der Größenordnung von je 0.25) auf über +1.0 gestiegen. Diese wenigen Partien haben eine niedrige Schwarz-Performance von 25%. Die jeweils häufigsten Züge gehen weiter mit:

17...♗h6 18.♕d2 ♖ad8 19.♖ce1 ♕f7? +–

und Weiß verlor diese Partie noch statt mit 20.♘e4! zu gewinnen.

In der einzigen anderen Partie mit der Stellung nach 19.♖ce1 zog Schwarz 19...♘c8? und stand nach 20.♘g3 auch auf Verlust. Der laut Stockfish beste Zug 19...d5 (+2.5) dürfte nach 20.♗xb6 axb6 21.♘d4 allerdings den Verlust auch kaum vermeiden können. Die Bewertung zeigt aber, dass der eigentliche Fehler schon vorher liegen muss.

In der Diagrammstellung ist 17...♖ad8 (+1.5) am zweithäufigsten. Aber auch danach erzielte Weiß mit 18.♖e1 oder 18.♗xg7 80% Performance, allerdings meist erst nach längerem Kampf.

Wieder eine lange Variante der häufigsten Züge, in der Schwarz langsam aber sicher durch kleinere Ungenauigkeiten in eine schwierige Stellung gerät. Ein Klubspieler wird so lange aber kaum mithalten, so dass der Weiße bei einer früheren Abweichung auch richtig reagieren sollte. Aber das sollte in leicht vorteilhaften Stellungen auch einfacher klappen. Ich selbst habe die Aljechin–Verteidigung 16 Mal auf dem Brett gehabt, aber hatte die obige Variante noch nicht in meinem Repertoire. Sie hat allerdings bei 5...exd6 oder 9...e5 eine hohe Wahrscheinlichkeit, dass Schwarz abweicht.

♔ ♔ ♔ ♔ ♔

W34 Mit Weiß gegen die Nimzowitsch–Verteidigung

1.e4 ♘c6 2.♘f3

Etwas weniger häufig als der Textzug ist 2.d4, womit dem Schwarzen nach 2...d5 3.exd5 ♕xd5 wegen des zweimal angegriffenen Bauern d4 keine Eröffnungsprobleme bereitet werden können.

Auf 2.♘f3 hat Schwarz viele Möglichkeiten und in meinen fünf Partien gegen diese Eröffnung spielte er in jeder Partie etwas anderes, nämlich neben dem Hauptzug 2...d6 auch 2...e5 (worauf ich natürlich mit dem Repertoirezug 3.♘c3 fortsetzte), 2...d5, 2...♘f6 sowie 2...f5.

Gemäß den jeweils häufigsten Zügen geht diese Eröffnung wie folgt weiter:

2...d6 3.d4 ♘f6 4.♘c3 ♗g4 5.♗e3 e6 6.h3 ♗h5? (+1.5, besser 6...♗xf3 7.♕xf3 +0.7) **7.d5 exd5 8.exd5 ♗xf3 9.♕xf3 ♘e5 10.♕e2 a6 11.f4 ♘ed7 12.0–0–0**

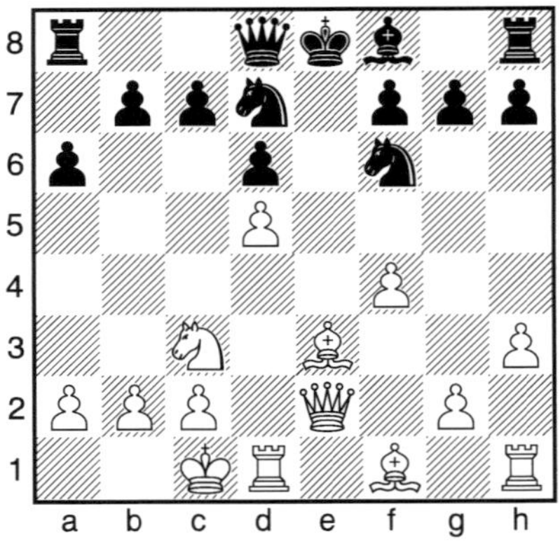

Nach diesen 23 jeweils häufigsten Halbzügen (außer natürlich 1...♘c6) liefert Stockfish eine Bewertung von +2.3, also gefühlt fast gewonnen und somit der Traum jedes Schachspielers. Aber die Performance von nur rund 70% zeigt, dass der Gewinn nicht ganz einfach ist (z.B. bedeuten 70% in 5 Partien nur 2 Siege und 3 Remisen). Schwarz hat zwar eine gedrückte Stellung, aber er kommt noch zur Rochade (nach 12...♕e7 zur großen und nach 12...♗e7 zur kleinen), und die muss Weiß dann erst mal knacken. Erstaunlich ist auch, dass Stockfish den größten Fehler bei 6...♗h5? verortet, einem Zug, der in 90% der über 250 Partien gespielt wurde.

W35 Mit Weiß gegen das Damenfianchetto

1.e4 b6 2.d4 ♗b7 3.♗d3 e6

Das inkorrekte 3...f5? (3% Häufigkeit) 4.exf5 ♗xg2 5.♕h5+ (+2.0) wurde gegen mich nie gespielt, allerdings hatte ich die Stellung nach 3.♗d3 auch nur viermal. Vielleicht sollte man die Variante mindestens bis 5...g6 6.fxg6 ♗g7 7.gxh7+ ♔f8 8.♘f3! ♗xh1 9.♘e5! kennen, denn selbst Carlsen verlor 2023 mit 8.♘e2? eine Blitzpartie gegen Nepomniachtchi.

4.♘f3

In der Datenbank kommen hier nochmal fast ebenso viele Partien von Französisch 1.e4 e6 2.d4 b6 3.♘f3 ♗b7 4.♗d3 hinzu. Diese Stellung hatte ich siebenmal.

4...c5

Nur etwa halb so häufig ist 4...♘f6, worauf Stockfish das nur von 15% gespielte 5.e5 empfiehlt und nach 5...♘d5 das seltene 6.♗e4! mit der sagenhaften Performance von 20 Punkten aus 22 Partien. Die häufigste Fortsetzung ist hier 6...c6 7.0–0 ♗e7 8.c4 ♘c7 9.♘c3 d5 10.exd6 ♗xd6 11.♖e1 (+1.5) 11...0–0? (Das ist erst nach vorherigem h7–h6 spielbar.)

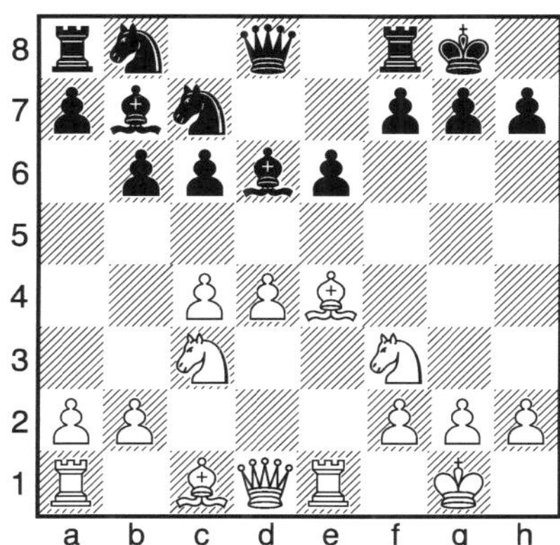

12.♗xh7+ +–

Aber nach 4...♘f6 5.e5 ist auch das etwas stärkere 5...♘e4 möglich (6.♕e2 f5! +0.7) mit 40% Häufigkeit gegenüber 55% von 5...♘d5.

5.c3

Alternativ führt das Bauernopfer 5.d5 zu einem offeneren Schlagabtausch: 5...exd5 6.exd5 ♗xd5 7.♘c3 ♗e6 8.♗f4 +0.5. Aber wenn Schwarz 7...♗b7? zieht, was gut ein Viertel der Spieler tat, gewinnt Weiß rasch – z. B. mit den jeweils häufigsten Zügen 8.♗c4 ♘f6 9.♘e5 d5 10.♗b5+ ♘bd7 11.0–0 ♗e7 12.♘xd5 +–.

5...♘f6 6.♕e2 ♗e7

Bisher spielten beide Seiten stets den häufigsten Zug (außer natürlich 1...b6). Hier wäre laut Stockfish 6...d5! stärker, was aber nur zu gut 10% gespielt wurde.

7.0–0

Stockfish hält hier das sehr selten gespielte 7.e5! mit der Folge 7...♘d5 8.c4 und +1.0 für am stärksten.

Die Hauptvariante geht weiter mit **7...♘c6 8.a3 ♘a5 9.♘bd2 c4 10.♗c2 ♕c7 11.♖e1 0–0 12.♖b1** +0.8.

Fazit: Auch das Damenfianchetto lässt sich nicht einfach überrennen. Weiß muss seinen Stellungsvorteil beharrlich weiter auszubauen versuchen. Ich habe auch hier immer wieder vergebens nach schnelleren Ansätzen gesucht.

Das Schwarzrepertoire

- Gegen 1.e4 mit dem skandinavischen Marshall–Gambit 1...d5 2.exd5 ♘f6.
- Gegen 1.d4 mit Slawisch bzw. dem Winawer–Gambit 1...d5 2.c4 c6 3.♘c3 e5.
- Gegen 1.♘f3 mit 1...d5.
- Gegen 1.c4 mit 1...e5, einem Sizilianer mit vertauschten Farben.

Ein Variantenüberblick befindet sich am Anfang und Ende des Buches.

S1 Mit Schwarz gegen 1.e4 d5 2.exd5 ♘f6 3.d4 ♘xd5 4.c4 ♘b4 5.♕a4+ (Kieler Falle)

1.e4 d5 2.exd5 ♘f6

Dieser nach Frank Marshall benannte Verzicht auf den sofortigen Rückgewinn des Bauern wird in fast 40% der Fälle gespielt und ermöglicht einige hübsche Varianten, in denen Weiß fehlgreifen kann. Das Bauernopfer wird weit überwiegend abgelehnt. Zur Verteidigung des Mehrbauern mit 3.c4 siehe Variante S8.

3.d4

Dies ist der mit Abstand häufigste Zug, der in etwa der Hälfte aller Partien vorkommt. Es gibt aber die vier weiteren Alternativen 3.♗b5+, 3.c4, 3.♘f3 und 3.♘c3, die in etwa gleich gut und gleich häufig sind, und die in den nächsten Abschnitten näher besprochen werden. Diese detaillierte Behandlung macht Sinn, weil der Anwender des Schwarzrepertoires ja auf 1.e4 stets mit 1...d5 nebst 2...♘f6 antwortet, so dass in sehr vielen Partien das Marshall–Gambit aufs Brett kommt.

3...♘xd5

Normalerweise beinhaltet das Repertoire für den Anwender in der Folge stets einen einzigen Zug und nur von den Gegenzügen werden meist mehrere besprochen. Aber hier gibt es mit 3...♗g4 eine Alternative, die so attraktive Varianten beinhaltet, dass ich sie zusätzlich vorstellen möchte (siehe Variante S5). Dort wird auch erklärt, wieso ich sie für das Repertoire für nicht so geeignet halte wie 3...♘xd5.

4.c4

Dies ist der häufigste Zug, aber 4.♘f3 ist fast ebenso häufig und ebenso gut (siehe Variante S3).

4...♘b4

Der häufigste Zug ist hier 4...♘b6 mit 75%.

Der Textzug 4...♘b4 ist mit unter 10% eher selten. Da er eine Figur zu verlieren scheint, sieht er verdächtig aus und wird so zum Auftakt der sogenannten „Kieler Falle“.

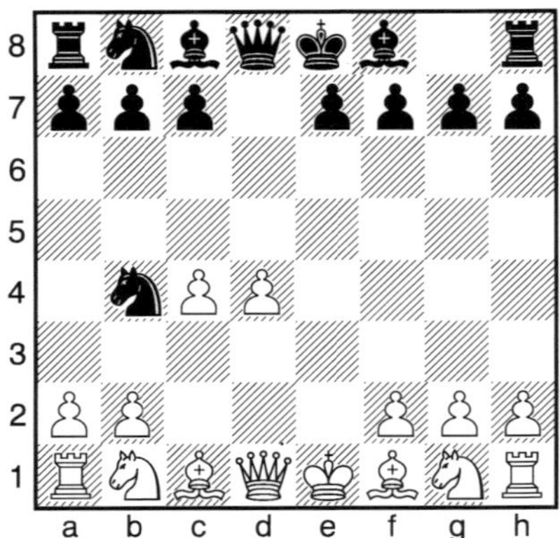

5.♕a4+

Der Zug 5.a3 wird in Variante S2 besprochen.

5...♘8c6

a) 6.d5?

Dieses Spiel auf Figurengewinn ist zwar der häufigste Zug und wurde schon in über 100 Datenbankpartien gespielt, aber es ist eher schlecht, wie der weitere Verlauf dieser Variante zeigt.

Besser ist 6.a3 (siehe Untervariante b).

6...b5

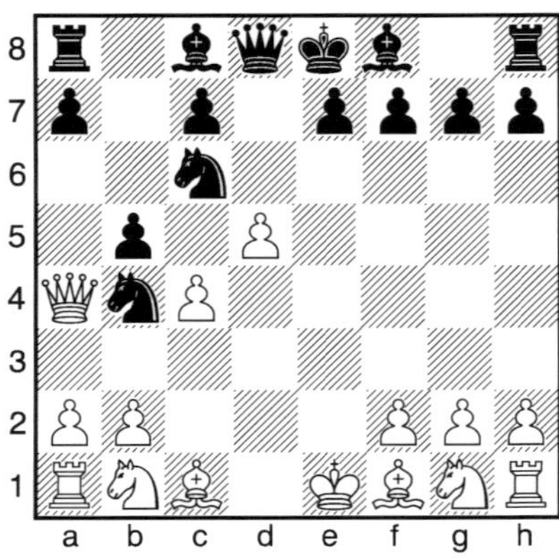

Dieser Zug kommt auch für manchen erfahreneren Spieler überraschend. Weiß hat nun vier Möglichkeiten zu antworten. Der Häufigkeit nach sind dies 7.cxb5, 7.♕d1, 7.♕xb5? und 7.♕b3?. Die ersten beiden sind ziemlich häufig, die anderen beiden eher selten. Meine Gegner wählten je viermal einen der beiden häufigeren und je einmal einen der beiden selteneren Züge.

a1) 7.cxb5 ♗f5

Häufiger und stärker ist 7...♘d4, aber da auf 7...♗f5 normalerweise die fehlerhafte Reaktion

8.♘a3?

erfolgt, erreicht Schwarz auf diese Weise doch die bessere Stellung (−2.0) als nach 7...♘d4 (−1.3). Das wäre nach 8.♘c3! (−1.0) statt 8.♘a3? nicht der Fall, aber so wurde in den zehn Datenbank−Partien mit dieser Stellung nie gespielt. Daher spielte ich in dieser Variante stets 7...♗f5 und nicht das objektiv etwas bessere 7...♘d4.

8...♕xd5 9.bxc6?

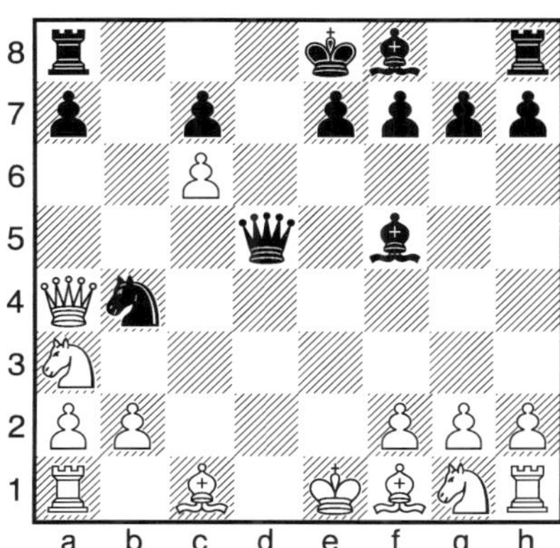

Häufiger und hartnäckiger ist laut Stockfish 9.♗e3 ♕e4 10.b3 (deckt die ♕a4) 10...♘d4 −2.0.

Nach dem Textzug 9.bxc6? gewinnt Schwarz wie folgt:

9...♕e4+ 10.♔d1

oder 10.♗e3 ♘d3+ 11.♗xd3 ♕xa4 12.♗xf5 ♕a5+ −+

10...♖d8+ 11.♗d2 ♖xd2+ 12.♔xd2 ♕d4+ 13.♔c1

oder 13.♔e1 ♘d3+ −+ (wie nach10.♗e3) bzw. 13.♔e2 ♕xb2+ 14.♔f3 ♕c3+ 15.♔e2 ♗d3+ −+

13...g6 und −+ wegen Matt in 6 Zügen.

a2) 7.♕d1 ♘d4

Stockfish bevorzugt 7...♗f5 8.♘a3 ♘e5 −1.0.

8.♘a3

Nicht aber 8.♗d3? wegen 8...♘xd3! 9.♕xd3 c5 nebst ♗f5 −+.

8...c5

8...e5 ist häufiger und gleich gut.

9.♗e3?

Besser sind die Alternativen 9.♗d2 e5 −0.6 oder 9.♘f3 e5 −0.7. Aber 9.♗e3 wurde in allen (nur noch vier) Datenbankpartien und und auch von zwei meiner drei Gegner gespielt.

9...♕a5 −+

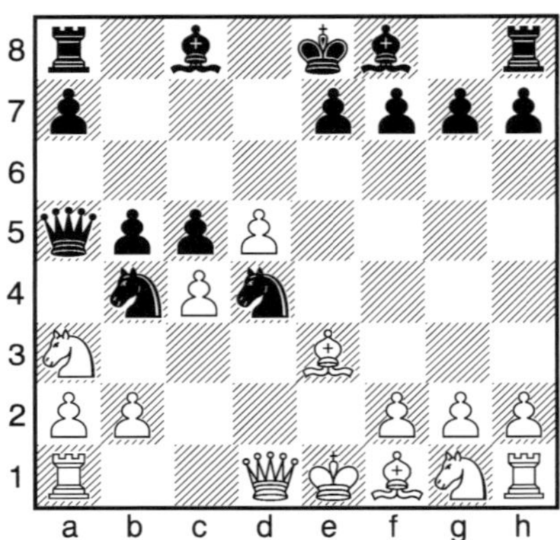

Mit Qualitätsgewinn und Stellungsplus, z. B. 10.♗d2? ♕xa3 −+. Wegen dieses hübschen Damenopfers, das ich in allen drei Partien spielen konnte (denn es geht auch nach 9.♘f3), ziehe ich 7...♘d4 und 8...c5 vor.

a3) 7.♕xb5? ♘c2+ 8.♔d1 ♗d7 9.dxc6 ♗g4++ 10.♔xc2 ♕d1+ und Schwarz holt sich mehr als das geopferte Material zurück.

Allerdings kann es für Schwarz mühsamer werden, wenn Weiß das Doppelschach mit 8.♔d2! verhindert und Schwarz zwingt, nach 8...♘xa1 9.♕xc6+ ♗d7 zu beweisen, dass er den ♘a1 gegen nicht mehr als einen Bauern wieder ins Spiel bringt (−1.5). Doch das muss sich der Repertoirespieler wohl nicht näher anschauen, denn 8.♔d2 wurde bisher nur in einer Fernpartie gefunden.

a4) 7.♕b3? spielte ein Gegner mit Elo 2100 gegen mich und gab nach **7...♘d4** −+ sofort auf. Tatsächlich ist Weiß nach 8.♕c3 ♘bc2+ 9.♔d1 und nun 9...c5, 9...b4 oder 9...e5 verloren.

b) 6.a3

Dies ist besser als und fast ebenso häufig wie 6.d5.

6...♘a6 7.d5

Weniger als halb so häufig ist 7.♗e3 ♗d7 +0.2.

7...♘c5 8.♕b5?

Das bessere 8.♕d1 ♘b8 +0.5 ist nur etwa halb so häufig.

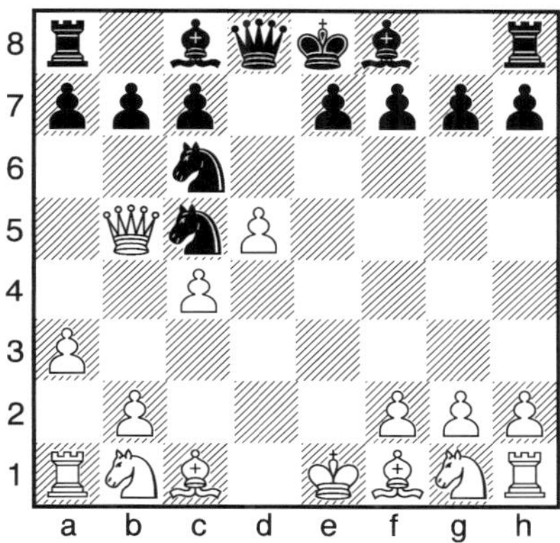

8...e5 (nicht 8...b6? 9.b4 =) **9.dxc6 b6** −+

z.B. 10.♗e3 a6 11.♕b4 ♘d3+ bzw. 10.♔e2 a5 11.b4 ♗a6

Fazit: Die Kieler Falle ist ein sehr taktisch geprägtes Abspiel, in dem ein Spieler, der sie nicht kennt, leicht ins Straucheln gerät. Auch wenn es in allen drei Untervarianten a1), a2) und b) einen Weg für Weiß gibt, um sich einigermaßen zu halten, nimmt man das als Schwarzer gern in Kauf, wenn man dafür bessere Chancen erhält, den Gegner mit hübschen und überraschenden Zügen zu verblüffen.

♚ ♚ ♚ ♚ ♚

S2 Mit Schwarz gegen 1.e4 d5 2.exd5 ♘f6 3.d4 ♘xd5 4.c4 ♘b4 5.a3

1.e4 d5 2.exd5 ♘f6 3.d4 ♘xd5 4.c4 ♘b4 5.a3

Dieser Zug ist mit über 50% häufiger als 5.♕a4+ mit etwa 40%. Alle Spieler, die mit der Kieler Falle 5.♕a4+ (siehe Variante S1) schlechte Erfahrungen gemacht haben, werden zu 5.a3 greifen. Auch gegen mich spielten 19 meiner Gegner den Zug 5.a3 und 16 den Zug 5.♕a4+. Aus Sicht der hier angewendeten Systematik müsste der Zug 5.a3 als der häufigere eigentlich *vor* dem weniger häufigen 5.♕a4+ behandelt werden, aber es schien mir angebracht, dem naheliegenderen 5.♕a4+ den Vortritt zu lassen.

5...♘4c6

Hiernach gibt es insgesamt drei beachtenswerte Züge, nämlich 6.♗e3(?), 6.d5 und 6.♘f3 mit einer Häufigkeitsverteilung von 50% zu 30% zu 20%. 11 von 17 meiner Gegner bevorzugten den Zug 6.♗e3. Stockfish hingegen bewertet die beiden weniger häufigen Züge mit erstaunlichen +1.0, das häufige 6.♗e3 hingegen deutlich schwächer mit +0.5; daher das (?).

a) 6.♗e3(?)

Die folgenden Züge sind beiderseits die jeweils häufigsten.

6...e5 7.d5 ♘e7 8.♘f3 ♘f5 9.♘c3

Stockfish möchte lieber 9.♗g5 ♗e7 sehen, aber das wurde nur in einer einzigen Datenbankpartie gespielt.

9...♘xe3 10.fxe3

Bis hierhin ist die Anzahl der Partien auf rund zehn zurückgegangen und die Stockfish-Bewertung auf +0.0.

10...♗c5 11.♕d2 a5 =

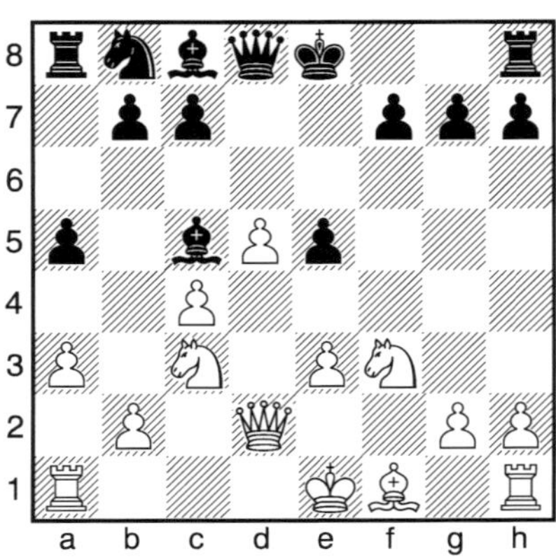

Trotz der ausgeglichenen Bewertung würde ich wegen der Angriffschancen (0–0, f5), falls Weiß kurz rochiert, lieber mit Schwarz spielen. Aus meinen 11 Partien gegen 6.♗e3(?) holte ich fast 70% der Punkte.

b) 6.d5 ♘e5 7.♘c3

Der häufigste Zug 7.♗f4 verspielt den Stellungsvorteil, z. B. 7...♘g6 8.♗g3 e6 +0.2.

Auch beim zweithäufigsten Zug 7.♘f3 mit der Folge 7...♘xf3+ 8.♕xf3 e5 9.dxe6 ♗xe6 10.♕xb7 ♘d7

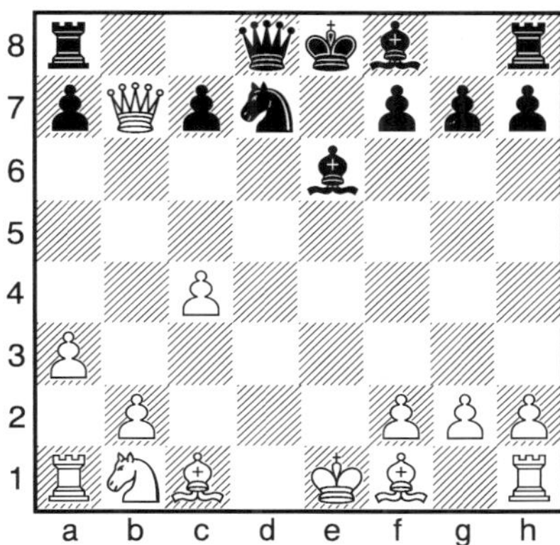

hat Schwarz ausreichend Spiel für den Bauern. Daher zieht Stockfish 9.♕g3 ♘d7 10.♗d3 g6 +1.0 vor.

Stockfish empfiehlt neben dem dritthäufigsten Zug 7.♘c3 auch ebenso 7.♕e2, was jedoch den ♗f1 einsperrt und wohl deswegen so gut wie nie gespielt wurde.

7...g6!

Hier ist das meistgespielte 7...e6 laut Stockfish schlecht wegen 8.♕e2! ♘g6 9.♗e3 nebst 10.0–0–0 +1.4.

8.♗f4 ♗g7

Nun gibt es keine Partien mehr zu Stockfishs Vorschlag 9.♘f3 ♘bd7 10.♕e2 ♘xf3+ 11.♕xf3 0–0 +0.7.

c) 6.♘f3 ♗g4 7.d5

7.♗e2 oder 7.♗e3 ist schwächer.

7...♗xf3 8.♕xf3 ♘d4 9.♕d1 e5 =

Dies hatte ich in zwei von drei Partien mit 6.♘f3 auf dem Brett. Aber der dritte Gegner spielte das verblüffende 8.gxf3!.

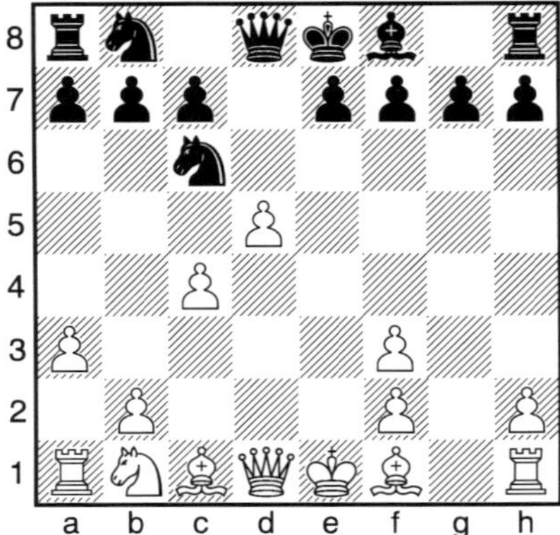

Hierzu gibt es keine Turnierpartie in der Datenbank. Aber mir war bekannt, dass die Engines diesen Zug empfehlen. Tatsächlich bewertet Stockfish ihn mit zwischen +2.0 und +2.5. Mein Gegner meinte nach seinem Sieg, dass dies seines Wissens die Widerlegung von 4...♘b4 sei.

Fazit: In der Tat hat Schwarz es nach 5.a3 in einigen Abspielen schwer bis sehr schwer. Aber die meisten Klubspieler spielen das für Schwarz unproblematische 6.♗e3, und von den anderen kennen viele die kritischen Varianten der Abspiele b) und c) nicht. Daher halte ich den Zug 4...♘b4 aufgrund meiner eigenen Erfahrungen im Klubspielerbereich für gut spielbar.

S3 Mit Schwarz gegen 1.e4 d5 2.exd5 ♘f6 3.d4 ♘xd5 4.♘f3 g6 5.c4

1.e4 d5 2.exd5 ♘f6 3.d4 ♘xd5 4.♘f3

Dieser Zug wird fast so häufig gespielt wie 4.c4 (siehe Varianten S1 und S2). Andere Züge sind praktisch bedeutungslos mit zusammen unter 10% Häufigkeit. Meine Gegner spielten 32-mal den Textzug, worauf ich 26-mal mit 4...g6 antwortete.

4...g6

Der andere fast ebenso häufige Zug 4...♗g4 wird in Variante W31 behandelt, aber aus Sicht des Weißen.

Nach 4...g6 hat Weiß eine ganze Reihe von Zügen zur Verfügung, nämlich 5.c4, 5.♘c3, 5.h3, 5.♗e2, 5.♗e3 und (nach ♗f1-e2) 0-0. Er kann diese Züge in fast jeder Reihenfolge spielen. Bei Schwarz gilt ähnliches für seine nächsten vier Züge. Dies führt zu zahlreichen Zugumstellungs-Möglichkeiten.

In der Stellung nach 4...g6 ziehen drei Viertel der Weißspieler entweder 5.c4 oder 5.♗e2. 5.c4 ist etwas häufiger, gegen mich sogar deutlich häufiger (15-mal gegenüber 5-mal 5.♗e2). Im Folgenden wird 5.c4 behandelt, während 5.♗e2 in der nächsten Variante S4 betrachtet wird.

5.c4 ♘b6

Der ♘d5 findet auf b6 einen guten Platz, wo er den Bauern c4 im Auge hat und dem ♗g7 nicht im Weg steht.

Die Ideen der Kieler Falle funktionieren hier nicht so gut:

5...♘b4? 6.♕a4+ ♘8c6 7.d5 b5 8.♕b3

und Schwarz verliert einen Springer (8...♗f5 9.♘a3 +-).

6.♘c3 ♗g7 7.h3

Hier ist 7.c5 der häufigste Zug, aber gegen mich wurde er in acht Partien mit dieser Stellung nur einmal gespielt. Darauf ist die Fortsetzung 7...♘d5 8.♗c4 c6 9.0-0 ♗e6 bzw. 9.♕b3 0-0 am häufigsten und wird auch von Stockfish empfohlen (mit je +0.3).

Der Textzug 7.h3 wird häufig auch früher oder später gespielt. Deswegen ist die Stellung *nach* 7.h3 sogar häufiger als die *nach* 7.c5.

Wenn Weiß in den ersten neun Zügen ganz auf h2-h3 verzichtet, ergibt sich meist durch Zugumstellung ein Übergang in die Variante S4, z. B. mit 7.♗e2 0-0 8.0-0.

7...0-0 8.♗e3 ♘c6

Hier gibt es zwei Züge, die zusammen über 90% der Partien ausmachen, nämlich das aggressivere 9.♕d2 mit der Idee, groß zu rochieren (siehe Untervariante a), und das solidere 9.♗e2 nebst kleiner Rochade (siehe Untervariante b). Der Zug 9.♕d2 ist in dieser Stellung doppelt so häufig wie 9.♗e2, aber die Stellung *nach* 9.♗e2 ist wegen der erwähnten Zugumstellungen etwas häufiger als die Stellung nach 9.♕d2.

a) 9.♕d2 e5 10.d5 ♘e7 11.g4

In 10% der Partien (auch einmal gegen mich) wurde 11.♗h6 ♗xh6 12.♕xh6 ♘f5 13.♕d2? e4 14.♘d4 e3 15.fxe3 ♘xe3 −1.0 gespielt.

11...e4

Dies sind nach 7.h3 die beiderseits häufigsten Züge, mit Ausnahme des letzten 11...e4, anstelle dessen 11...f5 (+1.0) etwa doppelt so häufig ist. Aber 11...e4 bringt eine Fehlermöglichkeit mit sich, die sich zu 50% realisiert.

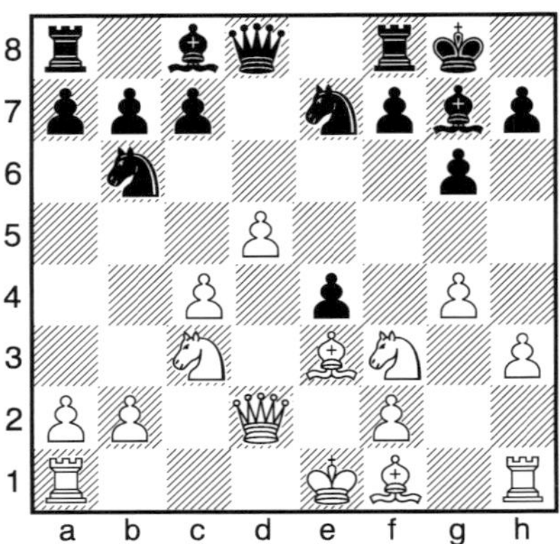

12.♘xe4?

Dieser Zug, der ebenso wie 12.♘g5 f5 (+0.6) in der Hälfte der Fälle gespielt wird, wird von Stockfish mit +0.0 bewertet. Für stärker hält Stockfish 12.♘h2! +1.1, wozu es keine Partien gibt. Zu 12.♘xe4 gibt es 25 Partien, von denen 21 wie im Text bis vor den 17. Zug weitergespielt wurden.

12...f5 13.♘c5 fxg4 14.♘g5 ♘f5 15.♘ce6 ♗xe6 16.♘xe6 ♕f6 17.♘xf8

Der letzte Zug ist eine kleine Ungenauigkeit; mit 17.0−0−0 ♘xe3 18.fxe3 g3 = oder 17.hxg4 ♘xe3 18.fxe3 ♕f3 = wurde in sechs bzw. drei Partien das Gleichgewicht gewahrt. Aber elf Weißspieler wählten den Textzug.

17...♖xf8 18.hxg4

Hier verschlechterten drei Weißspieler mit 18.0−0−0? wegen der Folge 18...♘xe3 19.fxe3 ♘a4 −1.5 ihre Position.

18...♘xe3

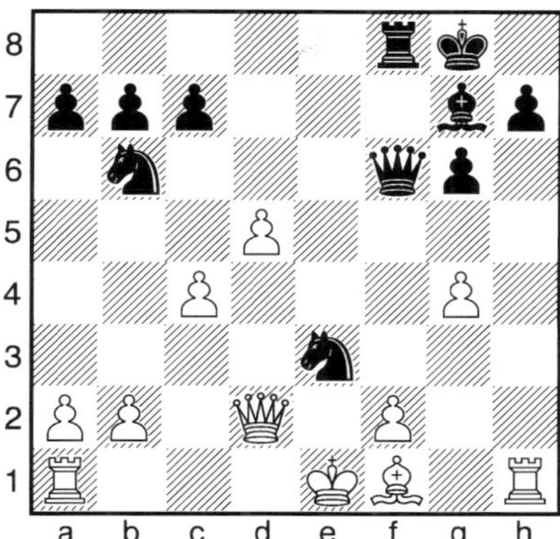

19.fxe3? –+

Nur einer von fünf Weißspielern traf das richtige 19.♕xe3 ♕xb2 20.♖c1 ♖xf2 –0.5. Die vier anderen verloren nach 19.fxe3? wegen

19...♕f3 20.♕h2 (20.♖g1 ♗xb2 –+) **20...♕xe3 21.♗e2 ♗c3+! –+.**

b) 9.♗e2

Dieser Zug in Verbindung mit dem vorausgegangenen h2–h3 kennzeichnet diese Variante. Der Zug ♕d1–d2 (wie in Untervariante a) kann auch später noch erfolgen; er ist dann aber nicht mehr der häufigste. Mit den häufigsten Zügen entwickelt sich die Variante wie folgt:

9...e5 10.d5 ♘e7 11.0–0(?)

Der entsprechende Zug 11.g4! (wie in Untervariante a) hat hier nur 20% Häufigkeit (im Vergleich zu 50% von 11.0–0) und ist sehr zweischneidig. Denn nach 11...f5 spielt zwar ein Drittel der Weißspieler das schwache 12.gxf5? ♘xf5 13.♗g5 ♕e8 (–1.0) 14.c5? e4 (–2.0), aber ein weiteres Drittel spielt viel stärker 12.♕b3 e4 13.♘g5 f4 14.♗c5 f3 +1.0.

Also ist 11.g4! klar am stärksten und 11.0–0(?) hat nur deswegen kein uneingeschränktes Fragezeichen, weil Weiß danach immer noch einen kleinen Vorteil hat.

11...♘f5 12.♗c5

Hier ist 12.♗g5 häufiger (mit über 50%), obwohl der Läufer nach 12...f6 keine schönen Felder zur Auswahl hat. Der Textzug 12.♗c5 wird in 35% der Fälle gespielt. Auch bei mir spielten zwei von vier Gegnern in dieser Variante den Textzug 12.♗c5, wichen aber wenig später mit dem ansonsten seltenen 14.♘fd2 f5 ab.

12...♖e8 13.♘e4 ♘d6 14.♘xd6 cxd6 15.♗a3

Das waren wieder lauter häufigste Züge; aber 15.♗a3 ist gleich häufig wie das bessere 15.♗e3 f5 (−0.4) mit je sieben Partien.

15...e4! 16.♘d4? −1.0

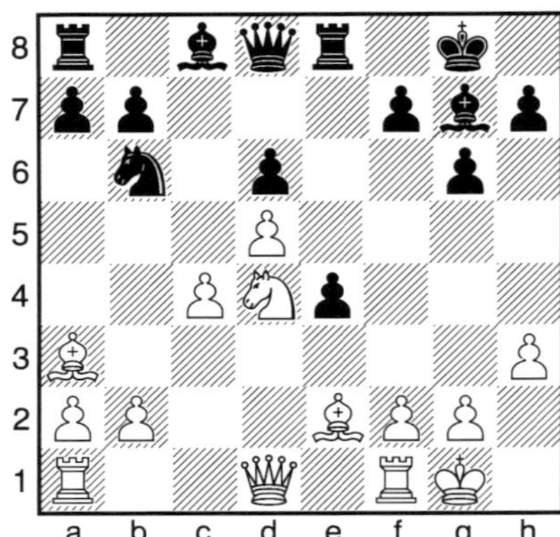

Die letzten beiden Halbzüge wurden bisher nur in einer einzigen Partie gespielt, die dann aber abweicht. Schwarz kann seinen Stellungsvorteil mit folgenden plausiblen Zügen konsolidieren: 16...♕g5! 17.♔h1 ♕f4 18.g3 ♕e5 19.♘b5 ♗xh3 20.♘xd6 (20.♗xd6? ♕xb2 −2.0) 20...♗xf1 21.♗xf1 ♖e7 −1.0 (Qualität).

Fazit: Nach 4.♘f3 g6 5.c4 hat Schwarz kein leichtes Leben, was auch die Stockfish-Bewertungen bestätigen, die von vorneherein über +0.5 liegen. Schwarz muss also froh sein, wenn er Remis hält. Und die obige Varianten zeigen, dass es für ihn auch Gewinnmöglichkeiten gibt.

S4 Mit Schwarz gegen 1.e4 d5 2.exd5 ♘f6 3.d4 ♘xd5 4.♘f3 g6 5.♗e2

1.e4 d5 2.exd5 ♘f6 3.d4 ♘xd5 4.♘f3 g6 5.♗e2

Dieser Zug ist fast so häufig wie 5.c4 (siehe S3).

5...♗g7 6.0–0 0–0 7.c4 ♘b6 8.♘c3

An dieser Stelle ist 8.h3 der zweithäufigste Zug und führt über die dann jeweils häufigsten Züge 8...♘c6 9.♗e3 e5 10.d5 ♘e7 11.♘c3 zu Untervariante b) von S3. Aber da Weiß schon klein rochiert hat, ist der Angriff mit g2–g4 nicht mehr so gut.

8...♗g4!

Damit macht sich Schwarz das Fehlen von h2–h3 zunutze. Dies ist laut Stockfish deutlich besser als das häufigere 8...♘c6?. Denn nach 8...♘c6? kann Weiß mit 9.d5 (+0.6) eine für ihn günstigere Variante spielen.

9.♗e3

Fast ebenso häufig ist 9.h3 mit der Folge 9...♗xf3 10.♗xf3 ♘c6! 11.c5 ♘c4! +0.2, wobei Schwarz zweimal den besseren zweithäufigsten Zug gespielt hat.

Die Hauptvariante geht mit folgenden häufigsten Zügen weiter:

9...♘c6 10.d5 ♗xf3 11.♗xf3 ♘e5 12.♗xb6 (12.c5 ♘bc4 −0.2) **axb6** =

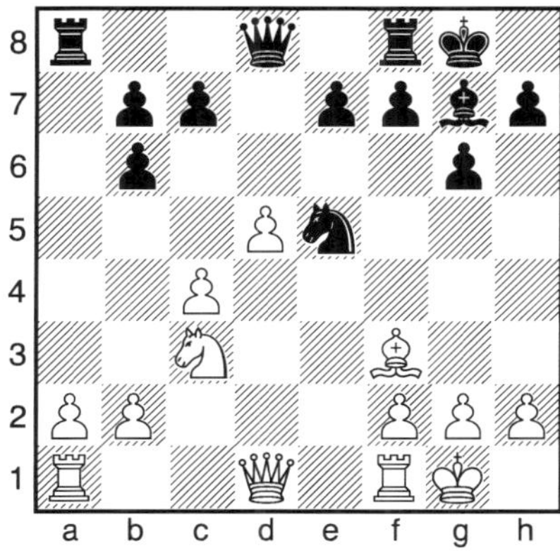

Stockfish bewertet die entstandene Stellung zwar mit 0.0, aber die Performance von 85% aus 40 Partien zu schwarzen Gunsten verspricht gute Chancen und zeigt, dass Schwarz wohl die einfacher zu spielende Stellung hat.

♚ ♚ ♚ ♚ ♚

S5 Mit Schwarz gegen 1.e4 d5 2.exd5 ♘f6 3.d4 ♗g4 4.f3

1.e4 d5 2.exd5 ♘f6 3.d4 ♗g4

Normalerweise bekommt der Repertoirespieler für seine eigenen Züge keine Auswahlmöglichkeit; vielmehr halte ich den einen empfohlenen Zug für den chancenreichsten. Aber hier scheint mir eine Ausnahme angebracht, insbesondere wenn man schon vor der Partie vermutet, dass der Gegner 3...♘xd5 mit 4.♘f3 (oder mit 4.c4 nebst 5.a3) beantworten wird, oder wenn man weiß, dass er diese Varianten gut kennt.

Für diesen Fall ist 3...♗g4 geeignet . Es ist ein frecher Zug (ähnlich wie 4...♘b4 in der Kieler Falle S1), aber er wurde schon etwa zehnmal so oft gespielt wie 4...♘b4 und kann offenbar nicht direkt widerlegt werden.

Die drei Hauptantworten 4.♗e2, 4.♘f3 und 4.f3 sind in etwa gleich häufig. Meine Gegner tendierten mehrheitlich zu 4.♗e2 (in 6 bzw. 3 bzw. 2 von 11 Partien).

4.♘f3 führt nach 4...♕xd5 zu Variante S9.

4.♗e2 hat mir keinen Sieg ermöglicht, weswegen ich 3...♗g4 nur noch gegen stärkere Gegner spiele. Die Variante der häufigsten Züge lautet: 4.♗e2 ♗xe2 5.♕xe2 ♕xd5 6.♘f3 e6 7.0–0 ♘c6 8.♘c3 ♕h5 9.♗f4 0–0–0 10.♖ad1 ♗d6 11.♗xd6 ♖xd6 12.♘e4 ♘xe4 13.♕xe4 ♖hd8 mit der Bewertung –0.1.

Aber 4.f3 ergibt faszinierende Abspiele. Wenn Sie diese Variante noch nicht kennen, schauen Sie sich zuerst einmal nur die Hauptvariante an.

4.f3 ♗f5 5.c4

Hier hat Weiß zwei Möglichkeiten, Schwarz in Schwierigkeiten zu bringen:

Doppelt so häufig wie 5.c4 ist 5.♗b5+, z.B. 5...♘bd7 6.c4 a6 7.♗xd7+ ♕xd7 8.♘e2 e6 +0.4.

Stockfishs Empfehlung 5.g4 hat dagegen unter 10% Häufigkeit, kommt aber mit 5...♗g6 6.c4 e6 7.♘c3 exd5 8.g5 ♘fd7 9.♘xd5 ♘c6 +0.8 zu einem fast gesunden Mehrbauern. Aus dieser Sicht müsste 5.c4 ein Fragezeichen bekommen, aber das würde suggerieren, dass Schwarz nach 5.c4 in Vorteil sei. Soweit ist es aber noch nicht.

5...e6 6.dxe6

Dies wird in 80% der Partien gespielt.

6...♘c6 7.exf7+

Häufiger (über 50%) aber nicht besser ist 7.♗e3 ♘b4! =.

7...♔xf7

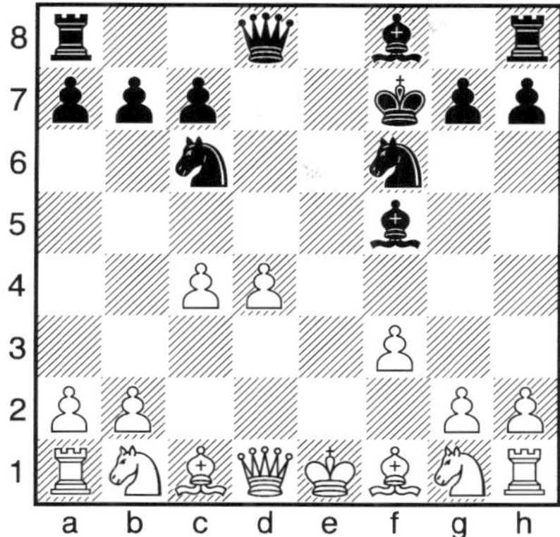

8.♗e3?

Mit diesem naheliegenden Zug verlässt Weiß die Remisbreite und erhält eine praktisch verlorene Stellung.

Nicht besser wäre auch 8.d5? ♘b4 9.♘a3 ♗c5 −+.

Aber das bisher nur selten gespielte 8.♘e2 ♘b4 9.♘g3 bietet Schwarz laut Stockfish nur minimalen Vorteil, egal ob nach 9...♘c2+ oder 9...♗c2.

8...♗b4+ 9.♘c3

9.♔f2 ♖e8 10.♘e2 (10.♘c3 ist Zugumstellung zur Hauptvariante) 10...♖xe3 11.♔xe3 ♕e7+ 12.♔f2 ♖e8 −+ (z. B. 13.g3 ♕e3+ nebst matt in 6 Zügen)

9...♖e8 10.♔f2?

10.♕d2 ♘xd4 11.0−0−0 c5 −2.0

10...♖xe3 11.♔xe3

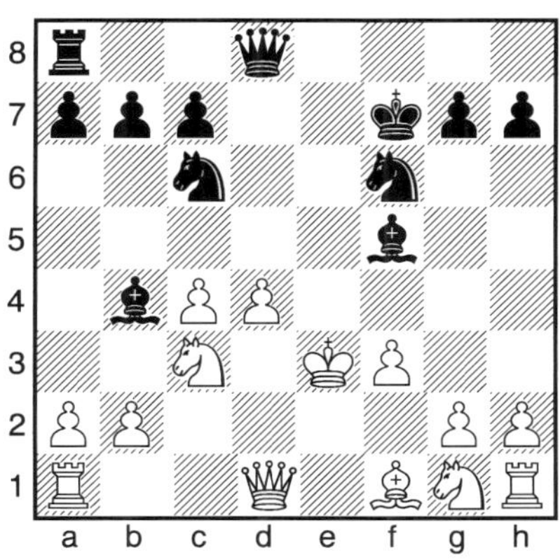

11...♗c2! 12.♕d2

12.♕xc2 ♕xd4+ 13.♔e2 ♖e8+ −+

12...♘g4+ 13.♔f4

13.fxg4 ♕g5+ −+

13...♗d6+ 14.♔xg4 ♗f5+ 15.♔xf5 ♕h4 nebst matt in 2 Zügen.

Eine wirklich faszinierende Variante, die so auch schon mehrmals gespielt wurde, nur machten sich am Ende einige Schwarzspieler mit 14...♕d7+(?) mehr Mühe als nötig. In meinen eigenen beiden Partien wichen die Gegner einmal mit 8.d5 und einmal mit 5.♗b5 ab. Es lohnt sich, die Variante auszuprobieren!

♚ ♚ ♚ ♚ ♚

S6 Mit Schwarz gegen 1.e4 d5 2.exd5 ♘f6 3.♗b5+ ♗d7 4.♗c4

1.e4 d5 2.exd5 ♘f6 3.♗b5+

Wie schon im Überblick von Variante S1 gesagt, gibt es zu 3.d4 vier Alternativen. Die beliebteste davon ist 3.♗b5+ und sie wurde gegen mich in 31 Partien gespielt.

3...♗d7 4.♗c4

Dies wird in der Hälfte der Datenbank–Partien gespielt. In einem Drittel folgt 4.♗e2 (siehe Variante S7).

4...b5 5.♗b3

Nur in etwas über 10% der Partien wird hier 5.♗e2 gespielt.

5...♗g4 6.f3

Dies ist mit 80% am häufigsten. In 20% wird 6.♘f3 gespielt, z.B. 6...♘xd5 7.♘c3 c6! 8.♗xd5 cxd5 9.♘xb5 ♘c6, laut Stockfish mit Kompensation für den Bauern. Gegen mich spielte in zwölf Partien mit 5...♗g4 nur ein Gegner nicht 6.f3 sondern 6.♘e2.

6...♗c8

Dies sieht aus wie das Eingeständnis einer gescheiterten Partieanlage. Aber schon Untervariante a) zeigt die Meriten des schwarzen Vorgehens. Die vorangegangenen Züge 3 bis 6 wurden auch in 11 meiner 31 Partien mit 3.♗b5+ gespielt.

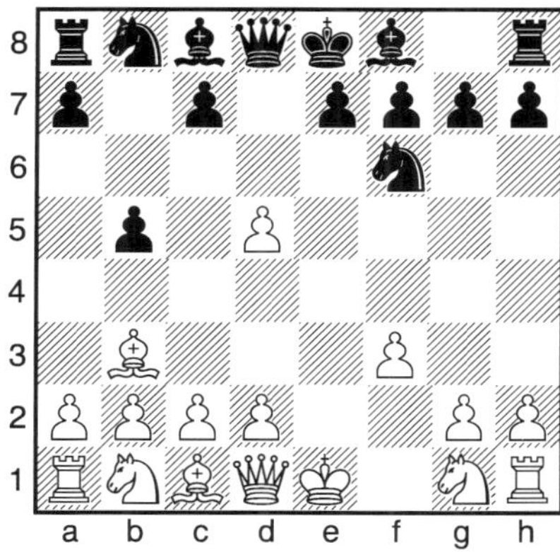

Nun gibt es für Weiß mehrere gleichwertige Möglichkeiten:

a) 7.♕e2

Das ist am häufigsten (knapp 40%).

7...a6 8.a4

So setzt die Hälfte der Weißspieler fort. Ein Viertel spielt 8.c4 und in diesen wenigen Partien wurde mehrheitlich 8...c6 9.dxc6? ♘xc6 10.cxb5 ♘d4 −0.5 gezogen. Schwarz ist also trotz zweier Minusbauern im Vorteil. Besser ist laut Stockfish 9.♘c3, worauf Schwarz mit 9...bxc4 oder 9...g6 Ausgleich hat (aber in scharfen Varianten).

Der Zug 8.c4 wurde gegen mich zweimal gespielt, ein weiteres Mal kam 8.♘c3 aufs Brett, worauf ich 8...b4 hätte spielen sollen.

8...b4 9.c4?

Ebenso häufig ist 9.♕c4 mit Ausgleich nach 9...e6! 10.dxe6 ♗xe6 11.♕e2 ♘c6! =, wobei aber nach Stockfish Schwarz in Vorteil kommt, falls Weiß versucht, mit 12.♗xe6 ♘d4 13.♗xf7+? einen weiteren Bauern einzuheimsen, und zwar wegen 13...♔xf7 14.♕c4+ ♕d5 15.♕xd5 (15.♕xc7+? ♗e7 −+) ♘xd5 16.♔d1 b3 −1.0.

Der einzige Zug außer 9.♕c4, der die Stellung in der Balance hält, ist 9.d4 ♘xd5 =; er wurde aber viel seltener gespielt.

9...c6 10.d4

Schwach ist 10.dxc6? ♘xc6 −1.5 (siehe dazu die ganz ähnliche Stellung nach 9.dxc6 in Untervariante b).

10...cxd5 11.c5 ♘c6 12.♗e3 a5! 13.♗c2 e5!

Soweit folgte die Variante stets dem häufigsten Zug von Weiß (mit der kleinen Einschränkung bei 9.c4). Aber zu 13...e5! gibt es keine Partien mehr.

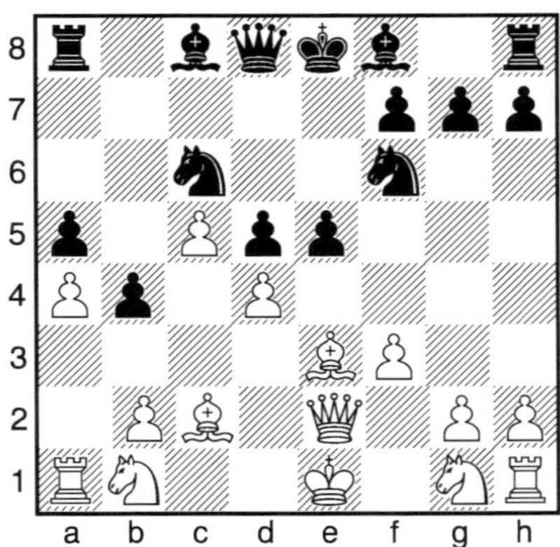

Dass Weiß nun nach **14.dxe5?** schon ziemlich zweifelhaft steht, wird durch folgende Stockfish-Variante verdeutlicht: **14...♗a6 15.♗d3 ♗xd3 16.♕xd3 ♘xe5 17.♕b5+ ♕d7 18.♘e2 ♕xb5 19.axb5 ♗xc5 20.♗xc5 ♘d3+** −2.0.

b) 7.a4

Das wird in einem Viertel der Partien gespielt.

7...b4 8.c4

Das ist weitaus am häufigsten.

8...c6 9.dxc6?

Dies ist so häufig wie das bessere 9.d4, das ähnlich verläuft wie in Untervariante a), wo das Zugpaar 7.♕e2 a6 zusätzlich geschehen ist, z. B. 9.d4 cxd5 10.c5 ♘c6 −0.4. Schwächer ist das ebenso häufige 10.♘e2? ♗a6 −0.9.

9...♘xc6 10.♘e2 e5 11.0–0 ♗c5+ 12.♔h1 ♗f5 13.♗c2 ♗d3 −2.5

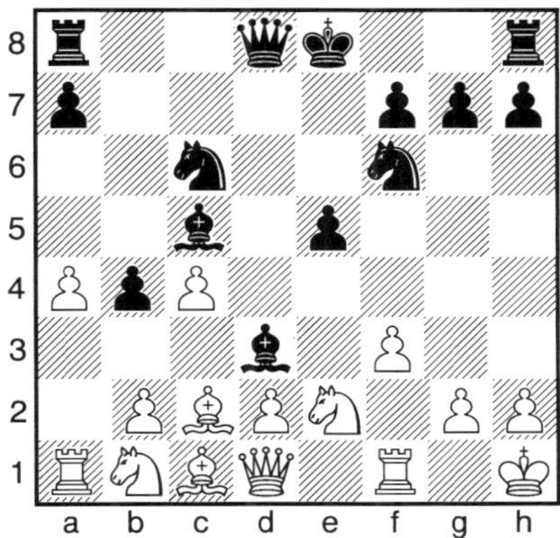

Dies ist wieder eine Variante, in der die beiderseits häufigsten Züge zum weißen Verlust führen. Bis 12.♔h1 hatte ich sie schon auf dem Brett, spielte dann aber das schwächere 12...0–0. Aber die rasche Besetzung des Feldes d3 ist die zielführende Idee, die das weiße Spiel sehr einengt. Der entscheidende Fehler liegt offenbar in 9.dxc6?.

c) 7.♘c3

Das ist in der Datenbank ebenso häufig wie 7.a4, wurde gegen mich aber in elf Partien kein einziges Mal gespielt. Stattdessen wurde jedoch das in den Datenbanken eher seltene 7.♘e2 viermal gespielt. Die zugehörige Hauptvariante ist 7...♘xd5 8.♘bc3 ♘xc3 9.♘xc3 b4 10.♘e4 e6 +0.1.

Die folgende Hauptvariante von 7.♘c3 bietet Schwarz ebenfalls keine besonderen Chancen:

7... b4 8.♘e4 ♘xd5 9.d4 e6 10.♘e2 ♗e7 11.0–0 0–0 12.c4 bxc3 13.bxc3 ♘d7 14.c4 ♘5f6 15.♘2c3 ♗a6 mit Ausgleich.

Insgesamt bietet 3.♗b5+ dem Schwarzen in den Abspielen a) und b) einige Möglichkeiten, in Vorteil zu kommen.

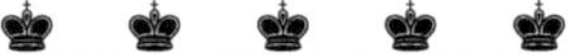

S7 Mit Schwarz gegen 1.e4 d5 2.exd5 ♘f6 3.♗b5+ ♗d7 4.♗e2

1.e4 d5 2.exd5 ♘f6 3.♗b5+ ♗d7 4.♗e2

Dies wird ebenfalls häufig gespielt, in jeder dritten Partie mit 3...♗d7. Ich hatte 17 Partien mit 4.♗c4 und 12 Partien mit 4.♗e2.

4...♘xd5 5.d4 ♗f5 6.♘f3 e6 7.0–0 ♗e7 8.a3 0–0 9.c4 ♘b6 10.♘c3 ♘c6 11.♗e3 ♗f6

Bis hierher ist die Anzahl der Partien in den letzten 15 Halbzügen auf 10% der Anzahl nach 4.♗c4 zurückgegangen. Das bedeutet, dass jeder der 15 Halbzüge im Schnitt in 85% der Partien gespielt wurde – ein extrem hoher Wert!

Es gibt also keinerlei häufige Abweichungen von dieser Zugfolge. So etwas habe ich noch in keiner anderen ebenso langen Variante gefunden. Den niedersten Häufigkeits-Prozentsatz hat 8.a3, wo ein Drittel der Weißspieler 8.c4 zog (mit der Folge 8...♘b4 9.♘a3). Bei meinen eigenen Partien sind von den ursprünglich 12 Partien jetzt noch 7 Partien dabei (weil ich als Schwarzer nie abgewichen bin). Erst ab hier verzweigen sich die Varianten in größerem Maß.

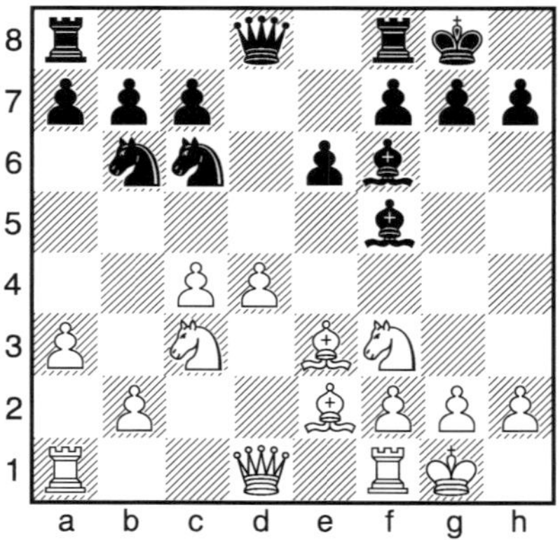

Stockfish empfiehlt hier den verrückt aussehenden Zug 12.♖a2 (wohl mit der Idee, den Turm nach einem Zug des b-Bauern nach d2 zu spielen). In den Datenbank-Partien wurde am häufigsten 12.h3 gespielt, worauf Schwarz mit 12...♕d7 Ausgleich hat, nicht aber mit 12...♕e7? wegen 13.g4 ♗g6 14.g5 +1.5. Auf das zweithäufigste 12.b4 ist 12...♗g4 mit Verstärkung des Drucks auf d4 gut. Auf 12.b3 geht 12...♕e7.

Weiß hat die Fehlermöglichkeit 12.♕d2? ♘a5 (mit Ziel b3) 13.♕d1 ♘axc4 –1.0 oder auch nach 12.♖c1 ♕d7 mit 13.♕d2 ♘a5 14.♘d5? exd5 –1.0. Letzteres spielte einer meiner sieben Gegner in obiger Diagrammstellung.

S8 Mit Schwarz gegen 1.e4 d5 2.exd5 ♘f6 3.c4

1.e4 d5 2.exd5 ♘f6 3.c4

Dieser Zug ist fast so häufig wie 3.♗b5+, 3.♘f3 oder 3.♘c3 (vgl. S6–S11). Er war etwas aus der Mode gekommen, bis der isländische GM Throstur Thorhallsson in den achtziger Jahren an Stelle des üblichen 3...c6 öfters 3...e6 spielte. So wurde 3.c4 wieder beliebter wegen einiger zweischneidiger Varianten mit schwarzem Opferangriff. Seit die Varianten von Stockfish analysiert sind, ist klar, dass das Isländische Gambit 3...e6 riskanter aber auch chancenreicher ist als 3...c6 und sich daher gut als Repertoirezug eignet.

Nach dem klassischen Zug **3...c6** wählt etwa die Hälfte der Weißspieler 4.d4, und nach 4...cxd5 ist man in der Hauptvariante des Panow–Angriffs aus der Caro–Kann–Verteidigung. Etwa ein Viertel der Weißspieler nimmt nach 3...c6 das Gambit mit 4.dxc6 an. Die Hauptvariante lautet dann 4...♘xc6 5.♘f3 e5 6.d3 e4! 7.dxe4 ♕xd1+ 8.♔xd1 ♘xe4 9.♗e3 ♗f5! und Stockfish attestiert Schwarz trotz des Minusbauern einen kleinen Vorteil. So kann Schwarz spielen, wenn ihm 3...e6 zu riskant ist.

3...e6 4.dxe6

Zwei Drittel der Weißspieler nehmen die isländische Form des Bauernopfers an.

4...♗xe6 5.d4

Dieser natürlich aussehende Zug (mit knapp 40% Häufigkeit) kommt zu früh und ermöglicht Schwarz einen scharfen Angriff.

Daher ist 5.♘f3 sicherer und beliebter (knapp 50%), womit Weiß nach 5...♘c6 6.d4! ♗b4+ 7.♘c3 +0.7 seinen Mehrbauern fast schon sicher hat. Aber nach 7.♗d2? ♗xd2 8.♕xd2 ♕e7 9.♕e3 oder gar 9.♕e2? gerät er in die deutlich schlechteren Stellungen der Untervariante a). Und der Fehler 7.♗d2? geschah immerhin in mehr als einem Drittel der Partien.

5...♗b4+

a) 6.♗d2

So spielen zwei Drittel der Weißspieler. Ein Drittel spielt stattdessen 6.♘c3? (siehe Untervariante b).

6...♗xd2+ 7.♕xd2 ♕e7

Das ist die Idee des Isländischen Gambits: Das drohende Abzugsschach sichert den Rückgewinn des Bauern bei anhaltendem Angriff.

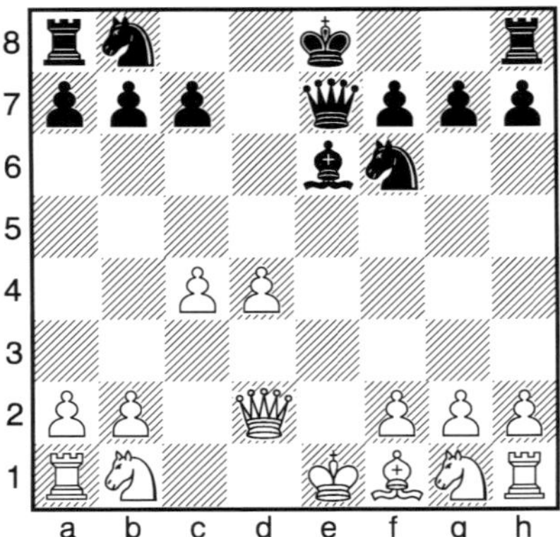

Nun wählen je 45% der Weißspieler entweder 8.♕e2? oder das bessere 8.♕e3.

a1) 8.♕e2? (−2.0)

Dies ist ein ziemlich dicker Fehler, denn in Untervariante a2) braucht es drei Fehler, um eine fast identische Stellung wie im nächsten Diagramm zu erreichen.

8...♘c6 9.♘f3

In dieser Stellung kommt die oben erwähnte Variante mit 5.♘f3 und 7.♗d2? sowie 9.♕e2? durch Zugumstellung wieder zur Hauptvariante zurück.

9...0–0–0 10.d5 ♖he8 (−2.3)

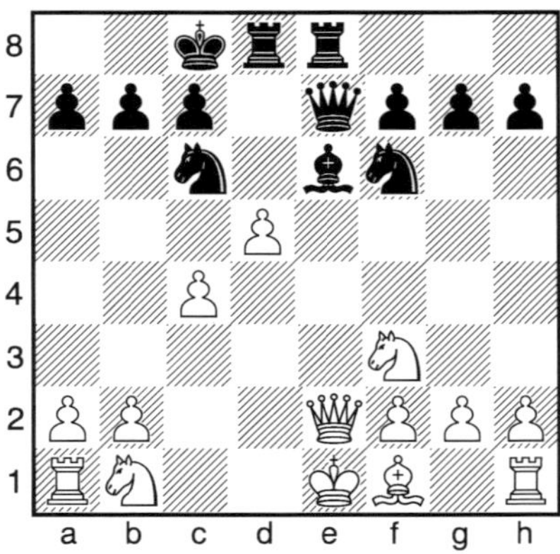

11.♘c3

Schlechter wäre 11.dxe6? ♕b4+ −+ oder 11.dxc6? ♗xc4 −+.

11...♗xd5 12.0–0–0 ♕c5 13.♕c2 ♗xf3 14.gxf3

Dies wählten sechs Weißspieler, vier weitere bevorzugten das nur minimal bessere 14.♖xd8+ ♖xd8 15.gxf3 ♘d4 16.♕d1 ♕g5+ 17.♔b1 ♘e6! −2.5.

14...♘d4 15.♕a4 ♘xf3 16.♗h3+ ♔b8 17.♖xd8+ ♖xd8 18.♖d1 ♖d4! –+

Soweit die Variante der häufigsten Züge, der zuletzt noch drei Partien folgten. Der letzte Halbzug ist eine Verstärkung von Stockfish. Schwarz muss trotz einer Bewertung von –2.8 weiterhin präzise spielen, auch wenn von den zehn Partien mit 13...♗xf3 immerhin neun von Schwarz gewonnen wurden.

a2) 8.♕e3 ♘c6 9.♘f3?

Nur mit 9.♗e2 hat Weiß laut Stockfish Ausgleich.

Die oben erwähnte Variante mit 5.♘f3 und 7.♗d2? sowie 9.♕e3 führt durch Zugumstellung ebenfalls zur hier nach dem Textzug 9.♘f3? erreichten Stellung.

9...♘g4 10.♕e2?

Jetzt wäre 10.♕g5! –0.6 am besten; es wurde aber in keiner Partie gespielt. In den wenigen verbliebenen Partien wurde zu einem Drittel 10.♕e4 (f5 –1.1) und ansonsten der Textzug gespielt.

10...0–0–0 11.d5?

So wurde in 7 von 10 Partien gespielt. Aber 11.♘c3 ♘xd4 –1.5 wäre deutlich besser, denn nun ist Weiß verloren.

11...♖he8 (–3.5)

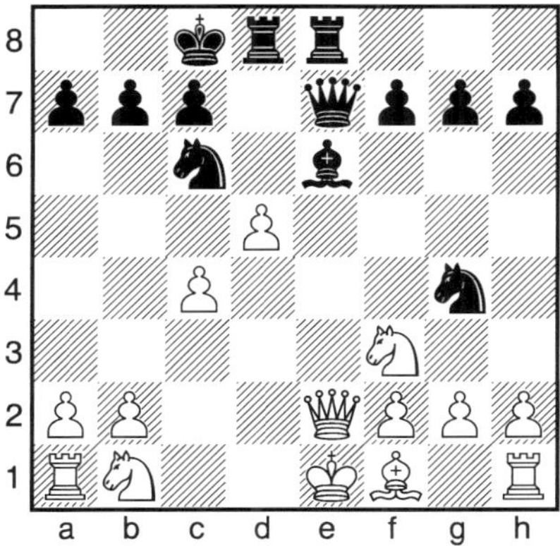

Jetzt hat Schwarz fast die gleiche vorteilhafte Stellung wie im Diagramm von Untervariante a1) erreicht, nur steht der schwarze Königsspringer auf g4 statt auf f6. Deswegen ist auch die Bewertung um noch eine Bauerneinheit besser zu Gunsten von Schwarz.

12.♘c3 ♗xd5

Stärker ist hier 12...♕c5! z. B. 13.0–0–0 ♗f5 14.♕d2 ♘xf2 –+.

In Variante a1) waren 11...♗xd5 und 11...♕c5 gleich gut. Aber auch hier in Variante a2) wurde 12...♗xd5 häufiger gespielt als das stärkere 12...♕c5. Auch führte es zu einem Kurzsieg des eingangs erwähnten GM Thorhallsson: 13.0–0–0 ♗xf3 14.♕xf3 ♖xd1 15.♘xd1 ♕g5+ 16.♔b1 ♖e1 17.g3 ♘d4 18.♕d3 ♕g6 0–1 (Martin Del Campo – Thorhallsson, 1987).

b) 6.♘c3?

Dieser in einem Drittel der Partien gespielte Zug ist deutlich schlechter als der Hauptzug 6.♗d2.

6...♘e4

Diese Antwort mit einer Performance von fast 80% ist viel besser als das ebenso oft gespielte 6...♕e7? +1.0.

7.♕d3?

Außer diesem mit Abstand häufigsten Zug wurden acht weitere Züge gespielt, darunter auch (aber nur in drei bzw. zwei Partien) die beiden von Stockfish für am besten gehaltenen Fortsetzungen 7.♘ge2 ♗xc4 und 7.a3 ♘xc3 8.♕d2 ♘e2 9.axb4 ♘xd4, wonach Schwarz den Bauern zurückgewonnen und mindestens Ausgleich erreicht hat.

7...♗f5 8.♕e3?

Dieser zweithäufigste Zug zählt ebenso wenig wie der häufigste 8.♗d2 zu Stockfishs Favoriten. Das zeigt, wie sehr diese Untervariante taktisch geprägt ist. Da muss der Anwender selbst einsteigen oder (angesichts der hohen Performance) darauf vertrauen, dass er die kleineren Fehler macht.

Mit dem Textzug und den nachfolgenden häufigsten Zügen

8...0–0 9.♘ge2 ♖e8 10.♕f3 ♘xc3 11.bxc3 ♘c6! –+

erreicht man rasch eine Gewinnstellung:

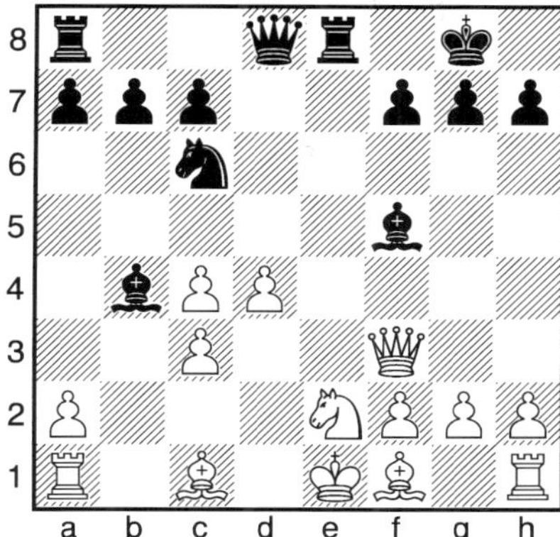

Noch kurz zu meinen eigenen Erfahrungen: In meinen 14 Partien mit 3.c4 e6 verlief eine Partie bis zum 17. Zug wie die Hauptvariante a1) mit 14...♖xd8+. In einer weiteren geschah das in b) erwähnte 7.Sge2 Lxc4.

Alle anderen Partien wichen früher ab: Ein Gegner spielte zweimal die oben angegebene „sichere" Variante 5.♘f3 ♘c6 6.d4! ♗b4+ 7.♘c3. Viermal wurde 5.♗e2 gespielt, dreimal 5.♘c3 und einmal 5.d3. Schließlich gab es zweimal die Ablehnung des Gambits mit 4.♘c3. Also wählten 8 von 12 Weißspielern nicht die Hauptvarianten 5.d4 oder 5.Sf3, sondern Nebenvarianten, die nur eine Häufigkeit von 20% haben. Da hat sich vermutlich eine Änderung der Einschätzung oder des Wissens ergeben. In meinen vier Partien mit 3...c6 wurde das Bauernopfer zweimal angenommen (aber ohne den Hauptzug 5.♘f3) und zweimal abgelehnt.

Fazit: Aufgrund der Erkenntnisse von Stockfish können sich die bisher realisierten Häufigkeiten künftig so verschieben, dass sich die Häufigkeit der Fehlerzüge reduziert. Aber ein unvorbereiteter Weißspieler wird die vielen Fehlermöglichkeiten kaum alle umgehen können.

♚ ♚ ♚ ♚ ♚

S9 Mit Schwarz gegen 1.e4 d5 2.exd5 ♘f6 3.♘f3, Teil A mit 6...♕f5

1.e4 d5 2.exd5 ♘f6 3.♘f3

Dieser Zug ist in etwa ebenso häufig wie 3.♗b5+ (S6–S7) oder 3.c4 (S8) oder 3.♘c3 (S11).

3...♕xd5

Schwarz kann auch mit 3...♘xd5 zu den Varianten S3 oder S4 wechseln. In meinen 20 Partien mit 3.♘f3 spielte ich jeden der beiden Züge zehn Mal. Danach scheint mir, dass 3...♕xd5 eher Chancen auf Vorteil ergibt.

4.d4

Dies wird in fast der Hälfte der Fälle gespielt. Ein Drittel der Weißspieler wählt 4.♘c3, wonach Schwarz mit 4...♕a5 oder 4...♕d6 ins klassische Skandinavisch wechseln oder mit dem dort nicht möglichen 4...♕h5 mehr im Geiste der hier behandelten Varianten weiterspielen kann. Bei meinen Partien war 4.d4 (8 Partien) klar häufiger als 4.♘c3 (2 Partien).

4...♗g4 5.♗e2 ♘c6 6.c4

Dies ist mit 33% der häufigste Zug, es folgt 6.0–0 mit 25% (siehe Variante S10) vor 6.h3 mit 20%. Bei letzterem spekuliert Weiß auf 6...♗xf3 7.♗xf3 ♕xd4?? (richtig ist 7...♕d7) 8.♗xc6+ +–.

Gegen mich wurden 6.c4 und 6.0–0 je dreimal in acht Partien gespielt.

6...♕f5

Stockfish bevorzugt dies gegenüber dem in etwa gleich häufigen ♕h5. Die beiden wichtigsten Varianten nach 6...♕f5 werden nun näher betrachtet.

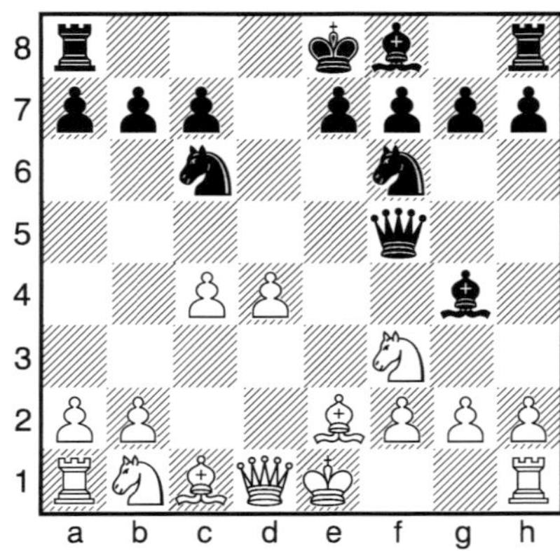

a) 7.♗e3

Dies wird in 40% der Partien gespielt; außerdem erhöht sich die Anzahl der Partien in den nächsten Zügen noch durch Zugumstellungen, z. B. über 7.0–0 0–0–0 8.♗e3, aber auch über 2...♕xd5 3.♘f3 ♗g4. In meinen beiden Partien wurden Nebenvarianten gewählt. Nun folgen lauter häufigste Züge:

7...0–0–0 8.0–0 e5 9.d5 e4 10.♘d4 ♘xd4 11.♗xd4 ♗d6 12.♘c3 ♗xe2 13.♕xe2

Stockfish hält 13.♘xe2 für etwas besser. Aber zuvor konnte auch Schwarz mit 11...h5 oder 7...e5 etwas stärker spielen.

13...♘g4 14.h3

Auf das noch nie gespielte 14.g3 empfiehlt Stockfish 14...♖he8 =.

14...♘h2 15.♖fd1 ♘f3+ 16.♔f1

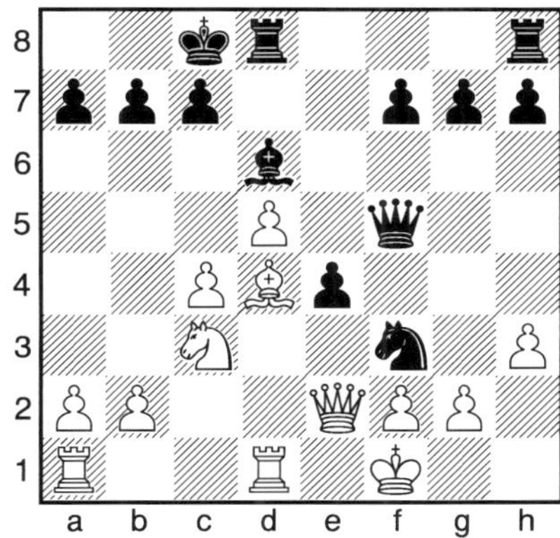

Nicht aber 16.♔h1? ♘xd4 17.♖xd4 ♕e5 –+ oder 16.gxf3? exf3 17.♕f1 ♕f4 –+.

16...♘h2+ 17.♔g1

Nun hat Schwarz Remis durch Zugwiederholung, aber einige Spieler setzten den Kampf fort, manche davon mit Erfolg, aber Stockfish hält diese Abweichungen für nachteilig.

b) 7.h3

Dies wird in einem Viertel der Partien gespielt.

7...♗xf3 8.♗xf3

Hier sieht man einen Unterschied zu 6...♕h5, wo die Dame jetzt nochmals ziehen müsste.

8...0–0–0

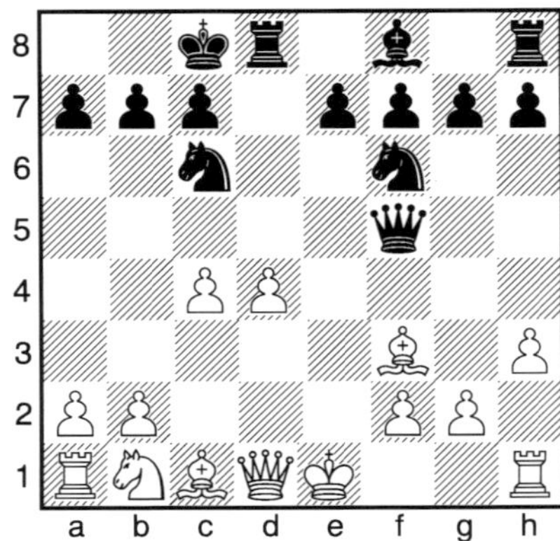

9.♗e3?

Nach dem fast ebenso häufigen 9.♗xc6? und der Antwort 9...♕e6+ verliert Weiß einen Bauern, z. B. 10.♕e2 ♕xc6 11.0–0 ♖xd4 –0.7 bzw. 11.d5 ♘xd5 –0.8 oder 10.♗e3 ♕xc6 11.0–0 e5! –0.9. Richtig ist nur 9.♕b3 ♖xd4=.

9...♘xd4 10.♗xd4 ♕e6+

Nicht aber 10...e5? 11.♗xb7+ +1.0 oder gar 10...c5? 11.♕b3 +–.

11.♗e2 c5

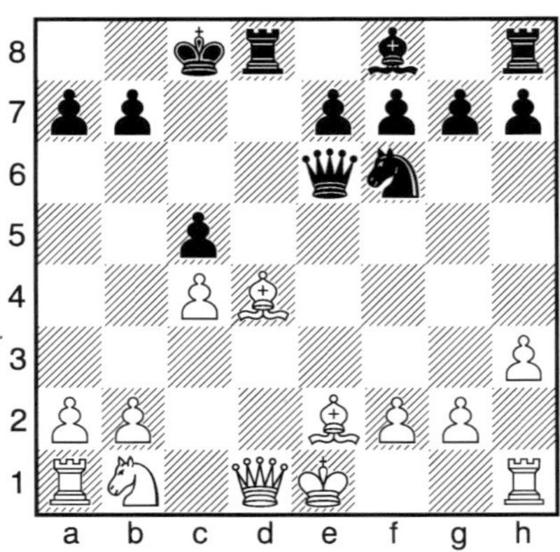

Die Engines halten 11...♕e4 für stärker, aber das stellt sich als sehr schwierig heraus; auch GM Smerdon schaffte gegen einen 200 Elopunkte schwächeren Gegner keinen Sieg.

Hingegen wurden in den beiden Partien mit 11...c5 statt der Engine-Empfehlung 12.♘d2 ♖xd4 –0.5 schwächere Züge gespielt, nämlich 12.♕a4 cxd4 13.♕xa7 d3 –1.5 (denn Weiß hat kein Dauerschach) bzw. 12.0–0 ♖xd4 13.♕e1 g6 –1.0.

Insgesamt hat Schwarz nach 6.c4 ♕f5 mindestens Remis und Grund zur Hoffnung auf kleinere oder größere Fehler des Gegners.

♚ ♚ ♚ ♚ ♚

S10 Mit Schwarz gegen 1.e4 d5 2.exd5 ♘f6 3.♘f3, Teil B mit 7...♕h5

1.e4 d5 2.exd5 ♘f6 3.♘f3 ♕xd5 4.d4 ♗g4 5.♗e2 ♘c6 6.0–0

Zu 6.c4 siehe Teil A.

6...0–0–0 7.c4

Dies ist mit 40% ebenso häufig wie 7.♗e3. Aber nach 7.♗e3 ♕h5 8.h3 läuft der schwarze Angriff nicht ganz so einfach wie nach 7.c4. Allerdings gewann (der Skandinavisch-Spezialist) GM Wahls 1996 eine Partie nach 8...h3 wie folgt: 8...e5 9.hxg4? ♘xg4 10.♘h4 f5 11.♗xg4 fxg4 12.g3 exd4 13.♗c1 g5 –+.

Wem das zu riskant erscheint, der kann nach 7.♗e3 mit 7...♕f5 zu Teil A wechseln, da die mit Abstand häufigste Antwort 8.c4 direkt zu Untervariante a) führt.

7...♕h5

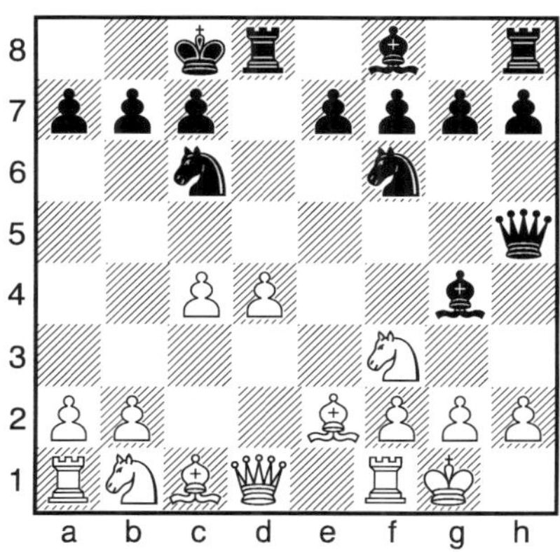

Nun gibt es laut Stockfish nur einen einzigen Zug, der das Gleichgewicht wahrt, nämlich 8.d5, der aber nur in 10% der Partien gespielt wurde und daher hier nicht behandelt wird (Antwort 8...♘e5 oder 8...e6).

8.♗e3?

Dies ist mit 40% am häufigsten. Mit 25% folgt 8.h3? ♘xd4 9.♘xd4 ♗xe2 –0.8 oder gar 9.hxg4? ♘xg4 –+ (vier Partien mit Elo über 2100 bei allen vier Weißspielern).

8...e5 9.d5?

Dieser Verlustzug wird in einem Drittel der Partien gespielt. Häufiger (50%) ist das ein wenig bessere 9.h3 exd5 10.hxg4 ♘xg4 11.♗f4 d3 12.♗xd3 ♗d6 oder 12...♘b4 –1.5. Auch 9.Sc3? wurde in sechs Partien gespielt (über 10%), obwohl es nach 9...exd4 glatt eine Figur verliert.

9...e4 10.♘d4

10.♕a4 exf3 11.dxc6 fxe2 12.cxb7 ♔xb7 −+

10...♘xd4 11.♗xg4+ ♘xg4 12.h3 ♘f3+ 13.gxf3

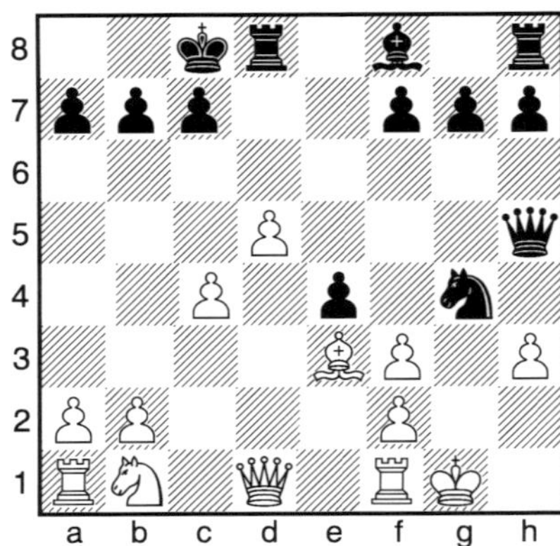

Die letzten sechs Halbzüge waren ohne Alternative. Nun empfiehlt Stockfish 13...♘e5 −+, aber mir erscheinen die folgenden häufigsten Züge einfacher:

13...♘xe3 14.fxe3 ♕xh3 15.♕e2 ♖d6 16.♖f2 ♖g6+ −+

oder 15.♖f2 ♗c5 −+ bzw. 15.♔f2 ♕h2+ 16.♔e1 ♗b4+ −+.

Diese Variante ist der Traum des Schwarzspielers. Das einzige Mal (in meinen zehn Partien), wo ich bis 7.c4 kam, spielte ich statt 7...♕h5 das weniger aggressive 7...♕f5.

S11 Mit Schwarz gegen 1.e4 d5 2.exd5 ♘f6 3.♘c3

1.e4 d5 2.exd5 ♘f6 3.♘c3

Dieser Zug hat die schwächste Performance von allen zuvor betrachteten Alternativen (deutlich unter 50%), obwohl er ähnlich häufig ist. Allerdings gestattet er Schwarz ein bequemes Spiel.

3...♘xd5

Nun betrachten wir zwei Varianten etwas näher: 4.♗c4 (in Untervariante a) und 4.♘xd5 (in Untervariante b). Diese beiden Züge sind mit Abstand am häufigsten (mit 50% bzw. 30%). In meinen Partien war aber 4.♘xd5 häufiger (12 Partien) als 4.♗c4 (8 Partien).

a) 4.♗c4 e6 5.♕f3

Dies ist nur der zweithäufigste Zug (30%), aber mit einer hübschen Fehlermöglichkeit. Häufiger ist 5.♘f3 mit der häufigsten Fortsetzung 5...♗e7 6.0–0 0–0 7.d4 ♘xc3 8.bxc3 ♘d7 und ausgeglichenem Spiel.

5...♘b4

Dies hat eine deutlich bessere Performance (60%) als die beiden häufigeren Züge 5...♘b6 bzw. 5...c6. Die folgenden vier Halbzüge sind die jeweils weitaus häufigsten.

6.♗b3 ♘8c6 7.♘ge2 (verhindert 7...♘d4) **7...♘a5 8.♘e4?**

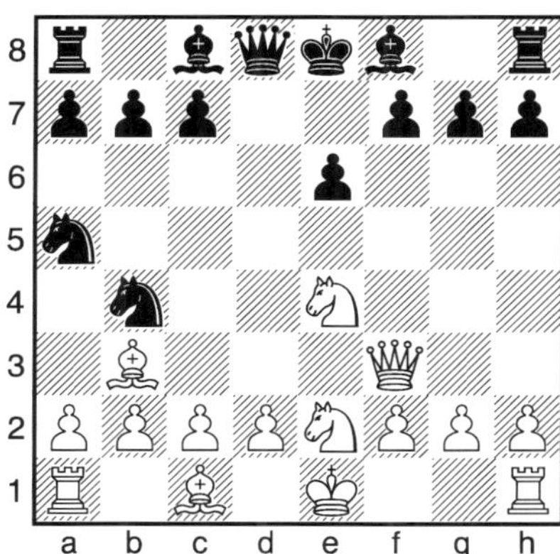

Dieser Zug, mit dem Weiß den ♗b3 durch die Dame deckt und damit indirekt auch den Bauern c2, wurde bisher in acht von sechzig Partien gespielt, was zeigt, dass man nicht sofort sieht, dass es ein Verlustzug ist.

Besser ist das viel häufigere 8.♗a4+ wonach die Stellung ausgeglichen bleibt, denn Weiß kann das Figurenknäuel am Damenflügel nicht zu seinen Gunsten ausnutzen.

8...♘xb3 9.♕xb3 ♕d5 –+ und Weiß kann größeren Materialverlust nicht mehr verhindern.

Zwei meiner acht Partien mit dieser Variante kamen in die Nähe des Fehlers 8.♘e4?, in der einen geschah schon vorher der Fehler 7.a3? (wegen 7...♘d4 –1.5), in der anderen die Neuerung 8.♔d1 mit bequemem Spiel für Schwarz (8...♗d7 –0.8).

b) 4.♘xd5

Damit gibt Weiß das letzte bisschen Vorteil und Initiative auf. Schwarz hat nun ein leichtes Spiel, was auch zu 70% Performance führt. Schwächere Spieler scheinen dies nicht so zu sehen. Aber es ist auch nicht leicht, Varianten mit baldigem Materialvorteil für Schwarz anzugeben.

4...♕xd5 5.♘f3

Dies wird in der Hälfte der Partien gespielt. In einem Viertel geschieht 5.d4, was aber nach 5...♘c6 und dem dann häufigsten 6.♘f3 nur eine Zugumstellung der Text–variante bedeutet.

5...♘c6 6.d4 ♗g4 7.♗e2 0–0–0

Die letzten drei Halbzüge sind jeweils die mit Abstand häufigsten. Als nächstes sind mit je 40% Häufigkeit 8.c3 und 8.♗e3? die klar häufigsten Züge. Der laut Stockfish beste Zug 8.0–0 = wurde in 200 Partien nur dreimal gespielt, wahrscheinlich, weil 8...♘xd4 sofort einen Bauern gewinnt, den Weiß aber zurückgewinnt oder für den er Kompensation erhält. Von den beiden Hauptzügen ist 8.c3 noch der bessere.

b1) 8.c3 e5 9.0–0 (–0.4 mit 9...exd4)

Das ist der beste und häufigste Zug, der aber nur in einem Viertel der Partien gespielt wird. Ähnlich gut bewertet Stockfish 9.h3, was aber fast nie gespielt wurde. Alle anderen Züge, die in 70% der Partien gespielt wurden, sind klare Fehler:

- 9.♗e3? exd4 –1.0 z. B. 10.♘xd4? ♗xe2 11.♕xe2 ♘xd4 12.♗xd4 c5 –2.0
- 9.dxe5? ♕e4 –1.5
- 9.♘xe5? ♗xe2 –1.5
- 9.c4? ♕a5+ –2.0
- 9.♕b3? ♕e4 –1.0

b2) 8.♗e3? e5

Auch hier wurde ein halbes Dutzend Züge gespielt, der beste am seltensten:

- 9.dxe5 ♗xf3 –1.2
- 9.♘xe5 ♗xe2 –1.1
- 9.0–0 exd4 –1.2

- 9.c4? ♕a5+ −2.0
- 9.c3 exd4 −1.0 siehe auch b1), Variante mit 9.♗e3?
- 9.h3 ♗h5 −0.8

Nach 4.♘xd5 teilt sich Abschnitt b) rasch in viele Varianten auf, und viele davon sind ungünstig für Weiß. Es ist nicht leicht, sich die Varianten einzuprägen. Daher muss auch Schwarz sorgsam spielen, sonst ist der Vorteil schnell wieder weg.

♚ ♚ ♚ ♚ ♚

S12 Mit Schwarz gegen 1.e4 d5 ohne 2.exd5

1.e4 d5

Hier werden die drei häufigsten Abweichungen vom Normalzug 2.exd5 betrachtet, nämlich (der Häufigkeit nach) 2.♘c3, 2.e5 und 2.d4?. Gegen mich wurden sie vier–, sieben– bzw. sechsmal gespielt.

a) 2.♘c3

Dieselbe Stellung ergibt sich auch nach 1.♘c3 d5 2.e4, was bei mir weitere drei Mal vorkam, so dass ich diese Stellung insgesamt siebenmal hatte.

2...d4 3.♘ce2 e5 4.♘g3 ♗e6 5.♘f3 f6 6.♗b5+ c6 7.♗a4 ♘a6 8.♗b3 ♗xb3 9.axb3 d3

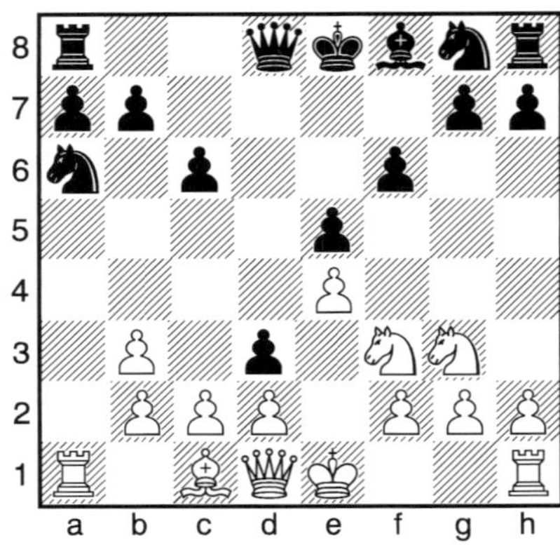

Diese Variante der häufigsten Züge führt zu geringem Vorteil für Schwarz.

b) 2.e5 c5 3.c3 ♘c6 4.d4 cxd4 5.cxd4 ♗f5 6.♘c3 e6 7.♘f3 ♗b4 =

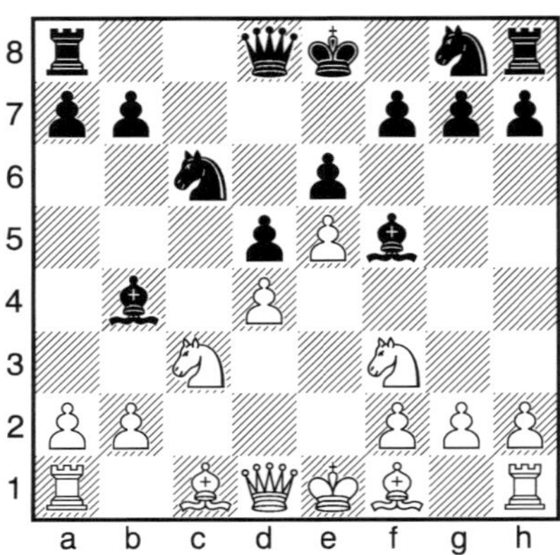

Die Variante der jeweils häufigsten Züge ergibt hier eine ausgeglichene Stellung.

c) 2.d4?

Der normale Zugang zum Blackmar–Diemer–Gambit ist die Zugfolge 1.d4 d5 2.e4, und nur ein Viertel aller Blackmar–Diemer–Partien entsteht über Skandinavisch. Im vorliegenden Repertoire ist aber 1.e4 d5 häufiger als 1.d4 d5, so dass Skandinavisch zum häufigsten Zugang zu diesem Gambit wird. Keine einzige meiner sechs Blackmar–Diemer–Partien ist über 1.d4 entstanden.

2...dxe4 3.♘c3 ♘f6 4.f3 exf3 5.♘xf3 c6 6.♗c4 ♗f5 7.0–0 e6 8.♘e5 ♗g6 –1.2

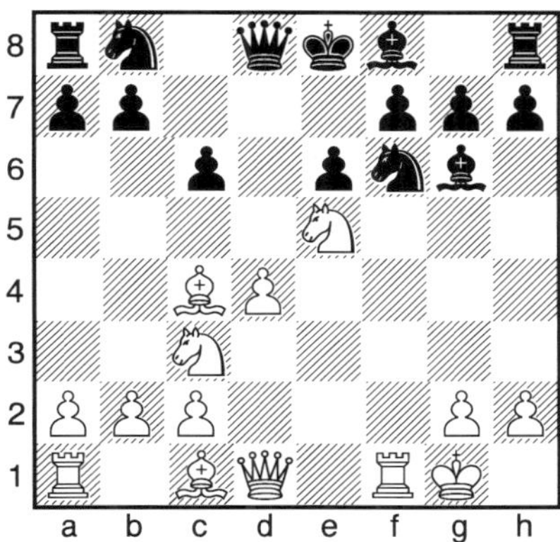

Nach lauter häufigsten Zügen von Weiß hat Schwarz bei besten Antwortzügen laut Stockfish klaren Vorteil. Seitens Schwarz ist insbesondere 5...c6 nicht der häufigste Zug, sondern nur der fünfthäufigste. Bei weiterer Fortsetzung durch die jeweils häufigsten Züge

9.♗g5 ♗e7 10.♕d2 ♘bd7 11.♘xg6 hxg6 12.♖ae1 ♘b6 13.♗b3

bleibt die Stellungsbewertung bestehen und Stockfish empfiehlt 13...c5 oder 13...♖h5, wozu es keine Partien mehr gibt.

Verbesserungspotential für Weiß sieht Stockfish bei 8.♘g5 –0.9 (statt 8.♘e5) und 7.♗g5 –0.6 (statt 7.0–0), was aber nur in zwei Partien gespielt wurde. Allerdings bleibt die Bewertung –0.6 letztlich an 2.d4? hängen, daher das Fragezeichen.

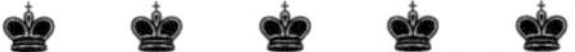

S13 Mit Schwarz gegen 1.d4 d5 2.c4 c6 3.♘f3

1.d4 d5 2.c4

Dieser Zug wird in zwei Drittel aller Partien mit 1.d4 d5 gespielt. In einem Viertel der Fälle spielt Weiß 2.♘f3, siehe Variante S17. Alle anderen Züge haben eine Häufigkeit von zusammen unter 10%. Dennoch wurde 2.♗f4 und 2.♗g5 je fünfmal gegen mich gespielt (siehe Varianten S18 und S19), nie dagegen das Blackmar–Diemer–Gambit 2.e4, das aber über Skandinavisch zustande kam – siehe Untervariante c) von S12.

2...c6 3.♘f3

Dies ist der klare Hauptzug im Slawischen Damengambit, der in der Hälfte der Fälle gespielt wird. In einem Drittel wird der andere Hauptzug 3.♘c3 gespielt (siehe Varianten S14 bis S16). Meine Gegner spielten diese Züge nahezu gleich oft. In der folgenden Hauptvariante mit 3.♘f3 zieht Weiß stets den jeweils häufigsten Zug.

3...♘f6 4.♘c3 dxc4

Diese verzögerte Annahme des Damengambits gehört schon sehr lange zu den sichersten Varianten für Schwarz. Aber 4...e6 wird häufiger gespielt.

5.a4 ♗f5 6.e3

Der nach 6.e3 zweithäufigste Zug 6.♘e5 wird in einem Drittel der Partien gespielt. Die Variante der beidseits häufigsten Züge lautet 6...♘bd7 7.♘xc4 ♘b6 (Hier ist 7...♕c7 etwas häufiger.) 8.♘e5 a5 9.f3 ♘fd7 10.♘xd7 ♘xd7 11.e4 ♗g6 12.♗e3 ♕b6 13.♕d2 e5 14.♖d1 0–0–0 =. Stockfish hätte statt 14.♖d1 lieber 14.d5! mit guten Chancen auf Vorteil gesehen, was aber nur in 10% der Partien gespielt wurde.

6...e6 7.♗xc4 ♗b4 8.0–0 0–0

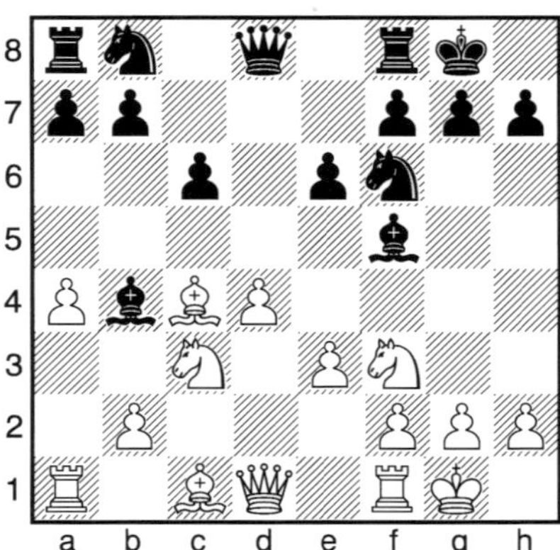

Nachdem Weiß die Materialgleichheit wiederhergestellt hat, will er e3–e4 durchsetzen.

9.♕e2 ♗g6

Dieses Zurückweichen verhindert 10.e4? wegen 10...♗xc3 11.bxc3 ♘xe4.

10.♘e5 ♘bd7 11.♘xg6 hxg6 12.♖d1

Noch immer scheitert 12.e4? ♘b6 13.e5 ♕xd4 −0.5.

12...♕a5 13.♗d2 ♖ad8 14.♗e1

Immer noch ist 14.e4 nicht befriedigend wegen 14...♘b6 15.e5? (besser 15.♗e1) ♖xd4 16.♗xe6 ♖e8 17.♗b3 ♖xe5 −1.3.

Daher spielt Weiß in mehr als der Hälfte der Fälle den Textzug, worauf Schwarz mit 14...c5 und Materialabtausch in Richtung Ausgleich vereinfachen kann.

14...c5 15.d5 exd5 16.♗xd5 ♘xd5 17.♘xd5 ♗xe1 18.♖xe1 a6 =

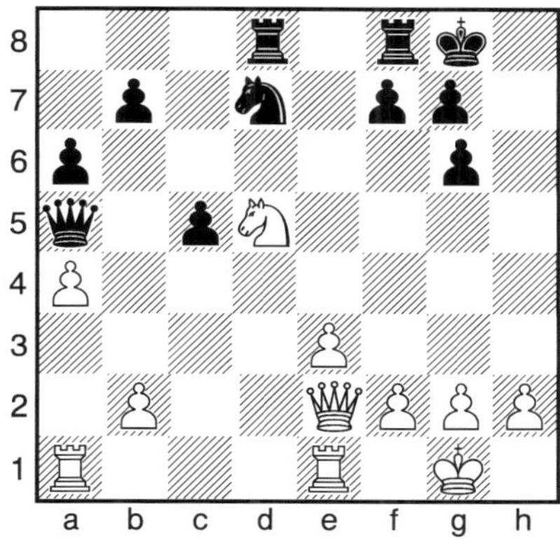

Die aufgezeigten Fehlermöglichkeiten im Zusammenhang mit e3−e4 darf man aber nicht überschätzen, denn sie kommen recht selten vor (je etwa 5% Häufigkeit).

♚ ♚ ♚ ♚ ♚

S14 Mit Schwarz gegen 1.d4 d5 2.c4 c6 3.♘c3 e5 4.dxe5

1.d4 d5 2.c4 c6 3.♘c3

Das ist der zweithäufigste Zug im Slawischen Damengambit. Zum häufigsten 3.♘f3 siehe die vorige Variante S13. Der dritthäufigste Zug ist die Abtauschvariante 3.cxd5 cxd5, die nach 4.♘c3 e5 durch Zugumstellung zu Variante S15 führt.

3...e5

Das Winawer-Gambit ist mit 2% Häufigkeit sehr selten, was die Variante attraktiv macht, wenn man den Gegner überraschen will. Die Varianten S14 bis S16 zeigen, wieso das Winawer-Gambit auch sonst noch weitere Verdienste hat. Als nächste Züge sind 4.dxe5 und 4.cxd5 mit je etwa 40% annähernd gleich häufig. Hier verhielten sich meine Gegner aber sehr untypisch und spielten dreimal 4.dxe5 und zwölfmal 4.cxd5 (wozu noch fünf weitere Partien mit der Zugumstellung 3.cxd5 cxd5 4.♘c3 e5 kommen). 4.dxe5 wird hier behandelt und 4.cxd5 in Variante S15.

4.dxe5 d4 5.♘e4 ♕a5+ 6.♘d2

Dieser Zug wird in einem Drittel der Partien gespielt. Doppelt so häufig ist 6.♗d2 mit der jeweils häufigsten Fortsetzung 6...♕xe5 7.♘g3 ♘f6 8.♘f3 ♕d6 9.♕c2 ♗e7 10.0-0-0 0-0 11.e3 dxe3 12.♗xe3 ♕c7 mit Ausgleich. Aber 6.♘d2 bietet noch etwas Besonderes.

6....♘d7 7.♘gf3 ♘xe5 8.♘xe5

Geringfügig häufiger ist 8.♘xd4 ♘xc4 9.♘4b3 ♕a4 =.

8...♕xe5 9.♘f3 ♗b4+ 10.♗d2 ♕e7!

Diese Empfehlung der Engines wurde in den Datenbankpartien noch nie gespielt.

11.♘xd4 ♘f6 12.e3?

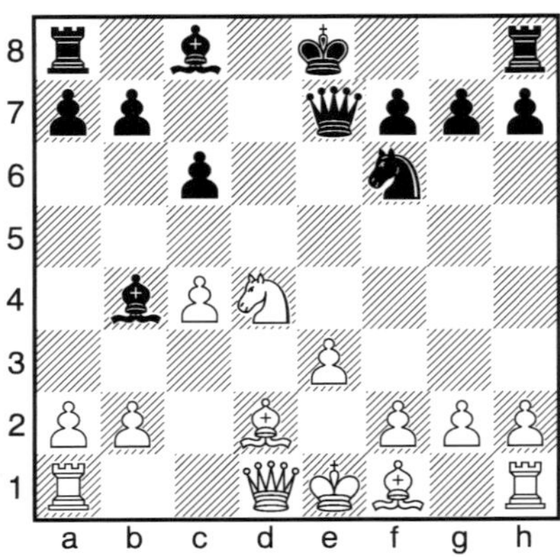

Dieser natürlich aussehende Zug verliert die Partie. Besser wäre 12.a3 ♗c5 = oder 12.♗xb4 ♕xb4+ 13.♕d2 ♕xc4 =.

12...♘e4–+

z.B. 13.♘b3 ♕f6 14.f3 ♘xd2 15.♘xd2 ♕xb2 16.♖c1 ♗f5 17.e4 0–0–0 18.♖c2 ♖xd2 19.♖xb2 ♖xb2+ –+

oder 13.♗xb4 ♕xb4+ 14.♔e2 ♕xb2+ 15.♕c2 (15.♔f3? ♗g4+ –+) ♘c3+ 16.♔d2 ♕xa1 17.♕xc3 ♕xa2+ –+

Leider hatte ich die Diagrammstellung noch nie in einer Turnierpartie auf dem Brett. Bei nur drei Partien mit 4.dxe5 und zwei größeren Abweichungsmöglichkeiten durch 6.♗d2 bzw. 8.♘xd4 war das auch nicht zu erwarten.

♚ ♚ ♚ ♚ ♚

S15 Mit Schwarz gegen 1.d4 d5 2.c4 c6 3.♘c3 e5 4.cxd5 cxd5 5.dxe5

1.d4 d5 2.c4 c6 3.♘c3 e5 4.cxd5

Dieser Zug ist fast genauso häufig wie 4.dxe5 (siehe Variante S14).

4...cxd5

Diese Stellung wird oft auch durch die Zugumstellung 3.cxd5 cxd5 4.♘c3 e5 erreicht. Insgesamt hatte ich diese Stellung in 17 Partien auf dem Brett.

5.dxe5

Das ist der häufigste Zug, aber mit nur 35%. Fast ebenso häufig ist 5.e3 (siehe Variante S16). Dann folgen mit je halb so vielen Partien nahezu gleichauf 5.e4 dxe4 und 5.♘f3 e4 6.♘e5 f6 7.♕a4+ ♘d7.

5...d4 6.♘e4

In 15% der Partien wurde 6.♕a4+? gespielt, und nach 6...♘c6 7.♘e4 ♗f5 gibt es eine Mehrheit (bei allerdings sehr wenigen Partien) für 8.♘d6+? ♗xd6 9.exd6 ♕xd6 −1.0. Im Falle von 6.♘b1 empfiehlt Stockfish 6...♘c6 7.♘f3 ♗c5 +0.2.

6...♕a5+

a) 7.♘d2

Ohne den Abtausch der c-Bauern im 4. Zug halten die Engines ♗d2 für besser, nach dem Abtausch bevorzugen sie hingegen 7.♘d2. Tatsächlich sind beide Züge hier fast gleich häufig. Gegen mich wurde 7.♘d2 dreimal, 7.♗d2 zweimal gespielt. Näheres zu 7.♗d2 siehe Untervariante b).

7...♘c6 8.♘gf3 ♗g4

Dies waren die jeweils weitaus häufigsten Züge. Ab jetzt gibt es nur noch wenige Partien, in denen 9.g3 und 9.♕b3? etwa gleich oft gespielt wurde.

Nach 9.g3 folgt zumeist 9.g3 ♗xf3 10.exf3 ♕xe5+ 11.♕e2 ♕xe2+ 12.♗xe2 ♘f6 +0.5.

Hingegen ist 9.♕b3? ein verfrühter Damenausfall, der sogar mehr als den kleinen Stellungsvorteil verspielt.

9.♕b3? 0-0-0! 10.♕xf7?

Das ist des Guten zu viel. Nur 10.a3 ♔b8 gab noch Ausgleichschancen. Nicht hingegen 10.g3? d3 11.♗g2? (besser 11.a3 ♔b8 −1.0) 11...dxe2 12.♕c4 ♗f5 13.♕xe2 ♗d3 nebst 14...♘b4 −+.

10...♘h6 11.♕c4 ♔b8

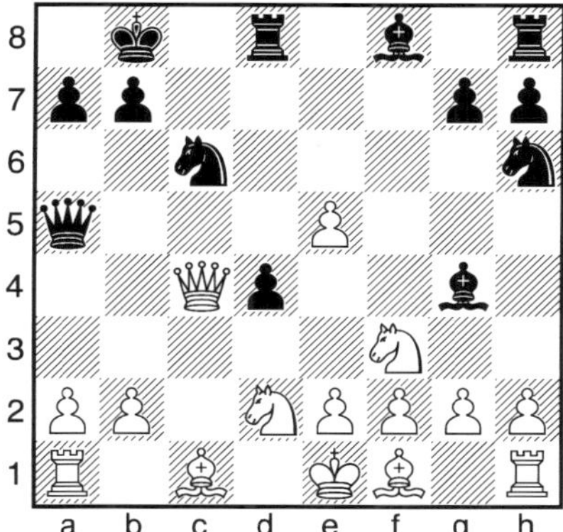

Hierzu gibt es keine Datenbankpartie mehr. Aber zwei meiner Gegner spielten 12.a3? bzw. 12. g3? und waren jeweils nach 12...♘b4 verloren.

b) 7.♗d2 ♕xe5 8.♘g3 ♘f6!

Die Tücke dieses Zuges im Vergleich zum häufigeren 8...♘c6 besteht darin, dass die Diagonale a4–e8 für ein verlockendes Schach frei bleibt. Aber es gibt jetzt nur noch sehr wenige Partien.

9.♘f3 ♕d5 10.♕a4+ ♘c6

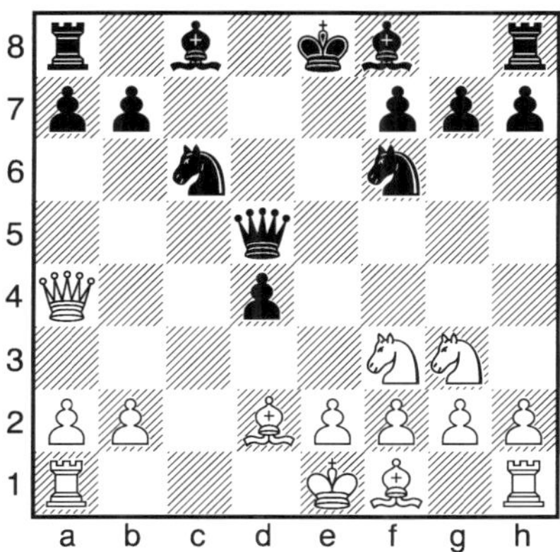

11.♖d1?

Alternativen hierzu finden sich am Ende dieser Variante S15.

11...♗d7

Macht Weiß nun den anstehenden Entwicklungszug 12.e3?, so gibt es unerwartet ein frühes Matt ohne Damen, was natürlich immer attraktiv ist!

12.e3?

Eine Fehlermöglichkeit hat Weiß auch nach dem besseren 12.e4 dxe3 mit 13.♗xe3? (13.fxe3 ♘b4 −1.0) ♗b4+ 14.♗d2? ♘d4 15.♗xb4 ♘xf3+ 16.gxf3 ♕e5+ −+.

12...♘b4 13.♕b3 ♕xb3 14.axb3 ♘c2+ 15.♔e2 ♗b5#

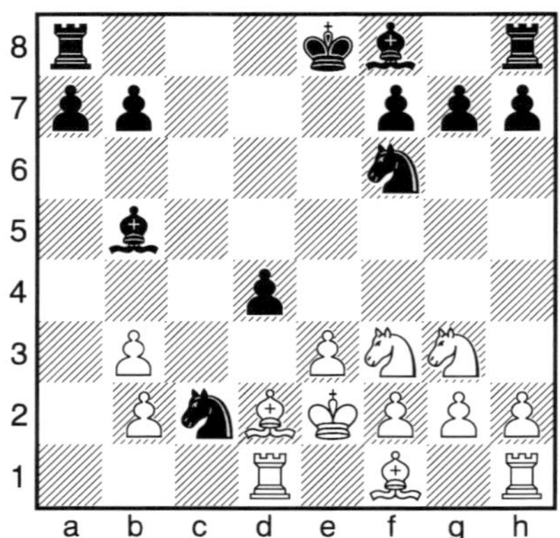

Besser war der Rückzug 13.♕b3 einen Zug früher, obwohl Stockfish dem Schwarzen nach 12.♕b3 ♕xb3 13. axb3 −1.0 immer noch einen Stellungsvorteil gibt. Dies wurde in der einzigen Datenbank-Partie mit 11.♖d1 gespielt.

Wer hier noch tiefer in die kombinatorischen Möglichkeiten einsteigen will, möge sich noch folgende beide Alternativen zu 11.♖d1 näher anschauen:

Die einzige Datenbank-Partie mit 11.e3 verlief so: 11...dxe3 12.♗xe3 ♗b4+ 13.♗d2 ♗xd2+ 14.♘xd2 0-0 15.♘f3? und hier hätte Schwarz sich (laut Stockfish) mit 15...♗h3! angesichts des unrochierten Königs klaren Vorteil verschaffen können.

Ganz wild erscheint mir die Stockfish-Variante 11.0−0−0 ♗e6 12.♔b1 ♘e4 13.♘xe4? b5 −1.5.

In meinen einzigen beiden Partien zu Variante b) wich Weiß mit 10.e3 bzw. 10.♕c2 etwas zu früh ab.

Angesichtes dieser Fülle kombinatorischer Möglichkeiten ergibt sich reichlich Erfahrungspotential für den, der das Winawer-Gambit in sein Repertoire aufnimmt.

♚ ♚ ♚ ♚ ♚

S16 Mit Schwarz gegen 1.d4 d5 2.c4 c6 3.♘c3 e5 4.cxd5 cxd5 5.e3

1.d4 d5 2.c4 c6 3.♘c3 e5 4.cxd5 cxd5 5.e3

Das ist mit 30% der zweithäufigste Zug an dieser Stelle. Zum häufigeren 5.dxe5 siehe Variante S15.

5...e4 6.♕b3

Fast genauso häufig ist 6.♗b5+, womit nach 6...♘c6 7.♕a4 ♗d7! das spätere Hauptproblem dieser Variante auf direktem Wege erreicht wird, nämlich die Frage, ob Weiß ungestraft den Bauern d5 schlagen kann. Hier dachten die Weißspieler der beiden Datenbank-Partien mit dieser Stellung, 8.♘xd5 sei ein Fehler, und zogen 8.♕b3. Tatsächlich ist 8.♘xd5? hier wie auch später ein Fehler wegen 8...a6 9.♗c4 ♖c8 10.♕c2 ♘ce7 −2.0 oder 9.♗e2? ♘b4 −+.

Dass in dieser Variante nur in zwei Partien der mit Abstand stärkste Zug 7...♗d7! gespielt wurde, deutet darauf hin, dass vielen Schwarzen die Stärke von 7...♗d7! gar nicht klar gewesen sein dürfte. Die Hauptvariante führt nach dem 10. Zug zu einer fast gleichen Situation, in der auch die beiden Königsspringer noch ins Spiel eingegriffen haben.

6...♘f6 7.♘ge2 ♘c6 8.♘f4

Dies sind beiderseits die jeweils häufigsten Züge. Die letzten drei weißen Züge können auch in der Reihenfolge 6.♘ge2 / 7.♕b3 / 8.♘f4 oder 7.♘f4 / 8.♕b3 gespielt werden.

8...♘a5!

Hier geschieht in 80% der Partien 8...♗b4, was aber nach 9.♗d2 wegen der Drohung 10.♘xe4 Schwarz zu 9...♗xc3 zwingt. Stockfish empfiehlt daher den Textzug.

9.♗b5+ ♗d7 10.♕a4 ♘c6!

Das etwas häufigere 10...♗c6 hält Stockfish für schwächer. Nach dem Textzug bildet das eingangs erwähnte Hauptproblem eine Fehlermöglichkeit. Es gibt wieder nur zwei Datenbank-Partien mit dieser Stellung, in einer davon wurde der Bauer geschlagen, in der anderen nicht. Auch ich hatte zwei Partien mit 10...♘c6 und nur in einer wurde der Bauer geschlagen.

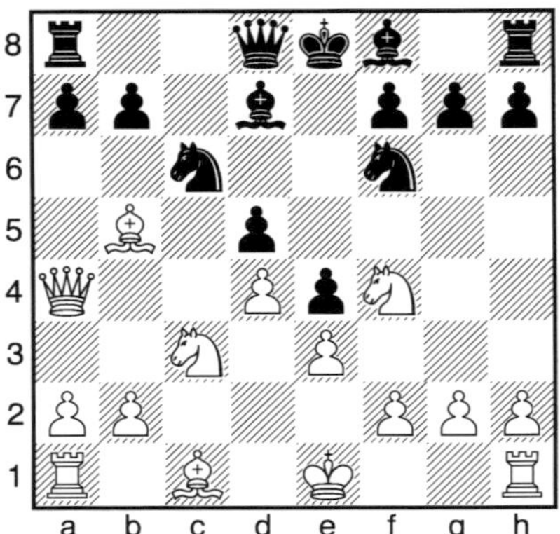

11.♘fxd5?

Stockfish sieht sofort, dass das ein Fehler ist, aber der Nachweis ist nicht ganz einfach.

Auf 11.0–0? oder 11.♗d2? folgt 11...a6 (–0.5).

Besser ist 11.♗e2 a6 = oder 11.♕b3 a6 =.

11...♘xd5 12.♘xd5 a6 13.♗e2?

Aus Sicht von Stockfish ein Fehler; schwerer hat es Schwarz nach 13.♗d2 ♖c8 –2.0 oder 13.0–0 ♖c8 –2.0, aber die beiden Weißspieler, die in den erwähnten Partien den Bauern d5 schlugen, wählten auch den Textzug.

Nicht leicht ist der schwarze Gewinn nach 13.♗c4?, da einige einzige Züge gefunden werden müssen: 13... ♘a5 14.♕c2 ♘xc4 15.♕xc4 ♖c8 16.♕e2 ♕g5 17.♘f4 ♗b4+ 18.♗d2 ♖c2 –+.

13...♘b4

In der verbliebenen Datenbank-Partie wurde schwächer 13...♘e7? –0.5 gespielt.

14.♕b3 ♗e6 –+

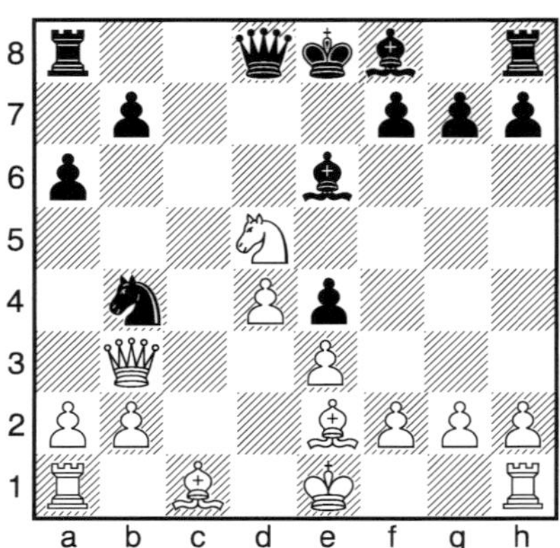

Und hier machte weder mein Gegner noch Stockfish weitere Versuche, den ♘d5 zu halten, sondern beide ließen gleich 15...♗xd5 zu. Tatsächlich kann Weiß den Figurenverlust nicht verhindern, z. B. 15.♕a4+ b5 16.♗xb5+ axb5 17.♕xa8 ♕xa8 18.♘c7+ ♔d8 19.♘xa8 ♘c2+ 20.♔e2 ♗c4+ 21.♔d1 ♘xa1 22.♘b6 ♗xa2 23.♗d2 ♗e6 24.♗a5 ♘b3 −+.

Insgesamt zeigt sich ein eigenartiges Verhalten der Akteure: Die Schwarzspieler verzichten mehrheitlich auf den besten Zug ♗d7, weil sie irrtümlich glauben, einen Bauern zu verlieren – aber andererseits verschmähen die Weißspieler diesen in den wenigen Partien mit ♗d7. Also scheinen letztere die gegebene Stellung richtiger einzuschätzen.

♚ ♚ ♚ ♚ ♚

S17 Mit Schwarz gegen 1.d4 d5 2.♘f3

1.d4 d5 2.♘f3

Diese Form des Damenbauernspiels gehört zu den häufigsten Eröffnungssystemen, mit denen ich mich auseinanderzusetzen hatte, nämlich in 52 Partien. Ein Drittel davon kam dabei über die Zugumstellung 1.♘f3 d5 2.d4 zustande. Außerdem ist 2.♘f3 generell der häufigste Zug nach 2.c4 und wird in einem Viertel der Partien mit 1.d4 d5 gespielt.

2...c5

Mit diesem Zug, der nur in 3% der Partien gespielt wird, versucht Schwarz die Initiative zu übernehmen, nachdem Weiß auf 2.c4 verzichtet hat. Da der Zug eher selten ist, kann Schwarz auf einen gewissen Überraschungseffekt hoffen.

Hier hat Weiß eine relativ große Auswahl an Zügen; die fünf häufigsten sind 3.c4, 3.e3, 3.c3, 3.dxc5 und 3.g3. Die beiden erstgenannten werden in je knapp 30% der Partien gespielt, die beiden letztgenannten in je knapp 10%, der mittlere in 20%.

a) 3.c4

Hiernach führt die Folge der häufigsten Züge zur Hauptvariante der Tarrasch-Verteidigung.

3...e6 4.cxd5 exd5 5.g3 ♘c6 6.♗g2 ♘f6 7.0–0 ♗e7 8.♘c3 0–0

mit der möglichen Fortsetzung 9.♗g5 c4 (Hier plädiert Stockfish deutlich für diesen zweithäufigsten Zug.) 10.♘e5 ♗e6 +0.2 oder 9.dxc5 ♗xc5 10.♗g5 d4 11.♗xf6 ♕xf6 +0.2.

b) 3.e3 ♘f6

Dieser Zug und 3...♘c6 werden nahezu gleich häufig gespielt, aber 3...♘f6 wird von Stockfish bevorzugt und hat auch eine bessere Performance. Nun folgt wieder der jeweils häufigste Zug.

4.c3 e6

Nach dem fast ebenso häufigen 4...♘c6 hat Schwarz im Falle von 5.dxc5 Schwierigkeiten, für den Bauern ausreichend Kompensation zu erhalten. In meinen sechs Partien mit 4...♘c6 wurde aber nie 5.dxc5 gespielt, sondern fünfmal 5.♗d3 und einmal 5.♘bd2, worauf ich meist 5...♗g4 zog.

5.♗d3 ♘c6 6.♘bd2 ♗d6 7.0–0 0–0 8.dxc5 ♗xc5 9.e4

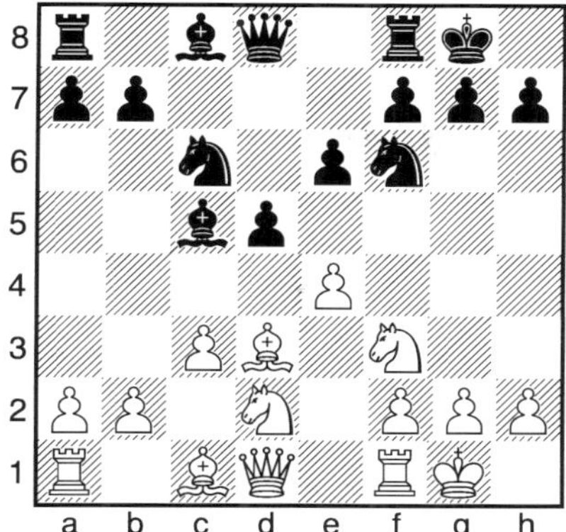

Diese ausgeglichene Stellung wird noch von über 1000 Datenbank–Partien erreicht. Ab jetzt teilen sich die Partien auf viele Varianten auf, so dass deren Anzahl trotz des jeweils häufigsten Zuges rasch auf unter 50 sinkt.

9...♕c7 10.♕e2 h6 =

Dies hält Stockfish für etwas besser als das ebenso häufige 10...♗d6. Wenn man weiter den jeweils häufigsten Zügen beider Seiten folgt, verschiebt sich die Bewertung immer mehr zugunsten von Schwarz.

11.h3

Auch auf das zweithäufigste 11.e5 erreicht Schwarz mit 11...♘g4 = gutes Spiel.

11...♘h5 12.♘b3 ♘g3 13.♕c2 dxe4 14.♗xe4 ♘xe4 15.♕xe4 ♗d6 16.♘bd4 ♘xd4 17.♘xd4 a6 −0.5

Anstelle von 17...a6 wurde 17...♗d7 etwas häufiger gespielt (fünfmal statt dreimal), aber in allen drei Partien mit 17...a6 wurde danach fehlerhaft fortgesetzt, u. a. mit dem naheliegenden

18.♗e3?

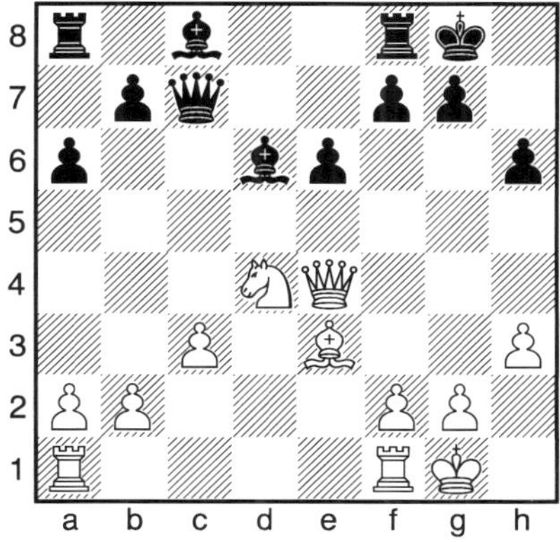

Hiernach ist die weiße Stellung kaum noch zu halten:

18...f5 19.♕f3 f4 20.♗d2 e5 21.♘b3 ♗d7 −2.3.

Dieses Abspiel zeigt, wieso 18.f4 richtig gewesen wäre.

c) 3.c3 e6 4.♗f4 ♘f6 5.e3

Die jeweils häufigsten Züge von Weiß nach 3.c3 führen hier zu einer der Hauptvarianten des „Londoner Systems". Die aktuelle Stellung entsteht am häufigsten über 2...♘f6 3.♗f4 e6 4.e3 c5 5.c3.

5...♘c6 6.♘bd2 ♗d6 7.♗g3 0–0 8.♗d3 b6 9.♘e5 ♗b7 10.f4 ♘e7 11.♕f3 ♘f5 12.♗f2 ♗e7 13.g4 ♘d6 14.g5

Eine auffällig schlechte Performance hat hier der zweithäufigste Zug 14.♗h4 mit der häufigsten Folge 14...♘fe4 15.♗xe7 ♕xe7 16.g5 cxd4 und zwar insbesondere nach 17.cxd4? f6! −2.0; besser ist laut Stockfish 17.exd4 b5 −1.0.

14...♘fe4 −0.5

Bis hierher hatte der jeweils häufigste Zug stets einen klaren Vorsprung vor dem zweithäufigsten. Aber jetzt gibt es keine klare Dominanz mehr und die vier häufigsten und etwa gleich guten Züge sind 15.h4, 15.♕h3, 15.0–0–0 und 15.♖g1. Beispielsweise folgte in der Partie Karjakin – Adams (2016)

15.0–0–0 c4 16.♗c2 b5 17.♕h3? b4 −2.0, und Schwarz gewann nach 31 Zügen.

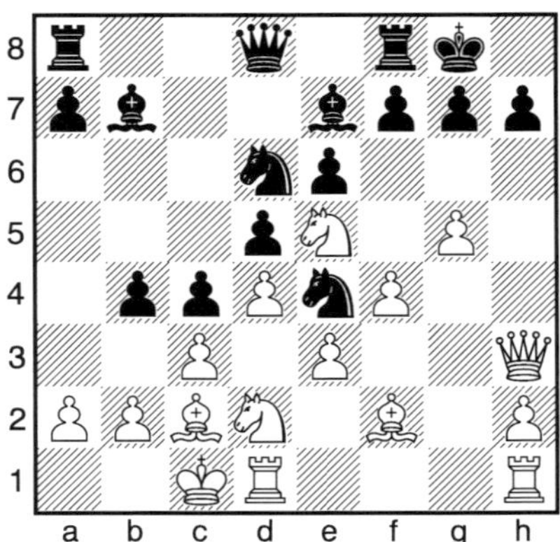

d) 3.dxc5

Danach ergeben die jeweils häufigsten Züge folgende Variante:

3... e6 4.e4 ♗xc5 5.exd5 exd5 6.♗b5+ ♘c6 7.0–0 ♘ge7 8.♘bd2 0–0 9.♘b3 =

Nun sind die Züge 9...♗b6 und 9...♗d6 gleich häufig und gleich gut.

e) 3.g3

Die jeweils häufigsten Züge sind hier

3...cxd4 4.♘xd4 e5 5.♘b3 ♘c6 6.♗g2 ♗e6 7.0–0 h6 8.♘c3 ♘f6.

Aber nun sind die drei Fortsetzungen 9.e4 d4 bzw. 9.♘a4 ♕c7 bzw. 9.f4 exf4 in etwa gleich häufig. Sie werden von Stockfish zwischen −0.5 und −1.0 bewertet.

Mit dem zweithäufigsten 8.e4 ♘f6 käme Weiß auf eine bessere Bewertung von −0.2.

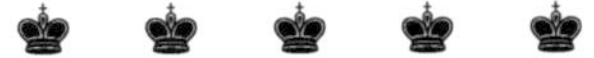

S18 Mit Schwarz gegen 1.d4 d5 2.♗f4

1.d4 d5 2.♗f4

Dieser direkte Weg zum Londoner System wird in nur 3% der Partien mit 1.d4 d5 gewählt, häufiger wird zuerst 2.♘f3 gezogen (siehe S17c). Gegen mich wurde 2.♗f4 in fünf Partien gespielt.

2...c5

Dieser Zug hat die beste Performance und ist auch der Favorit von Stockfish.

3.e3

So wurde in drei Viertel der Partien gespielt. Das zweithäufigste 3.c3 bedeutet nach der häufigsten Fortsetzung 3...♘c6 4.e3 nur eine Zugumstellung zur Hauptvariante. In einer meiner fünf Partien wurde der dritthäufigste Zug 3.e4 gespielt, den Stockfish aber nach der häufigsten Folge 3...dxe4 4.d5 ♘f6 5.♘c3 a6 (oder g6) eher als besser für Schwarz einschätzt.

Die häufigsten Züge sind nun

3...♘c6 4.c3 ♘f6 5.♗d3,

aber der letzte Zug ist mit 10% nur der dritthäufigste.

Häufiger ist 5.♘d2 ♗f5 6.♕b3 ♕d7 7.♘gf3 c4 8.♕d1 e6 oder auch 5.♘f3 ♕b6 6.♕b3 c4 7.♕c2 ♗f5 8.♕c1 e6. In beiden Fällen hat Schwarz nach Performance und Stockfish einen geringfügigen Vorteil. Aber nach dem natürlich aussehenden Zug 5.♗d3 gibt es größere Fehlermöglichkeiten für Weiß.

5...♕b6 6.♕c1?

Das ist der häufigste Zug. Der zweithäufigste 6.♕b3 ergibt nach der häufigsten Fortsetzung 6...c4 7.♕xb6 axb6 8.♗c2 b5 ein für das Londoner System typisches damenloses Spiel, das wegen der halboffenen a-Linie als eher günstig für Schwarz gilt (auch gemäß Performance und Stockfish).

Am besten ist laut Stockfish das dritthäufigste 6.b3 ♗g4 −0.2.

6...cxd4! 7.exd4

Auf 7.cxd4 ♘b4 müsste Weiß mit 8.♗c2 (8.♗e2? ♗f5) seinen weißfeldrigen Läufer abtauschen lassen, was wohl der Grund dafür ist, dass 7.cxd4 noch nie gespielt wurde.

Aber die meisten Weißspieler wussten wohl nicht, dass das bisher ausschließlich gespielte 7.exd4 eher noch schlechter ist. Nun kann Schwarz die Stellung öffnen und die schlechte Koordination der weißen Figuren ausnutzen.

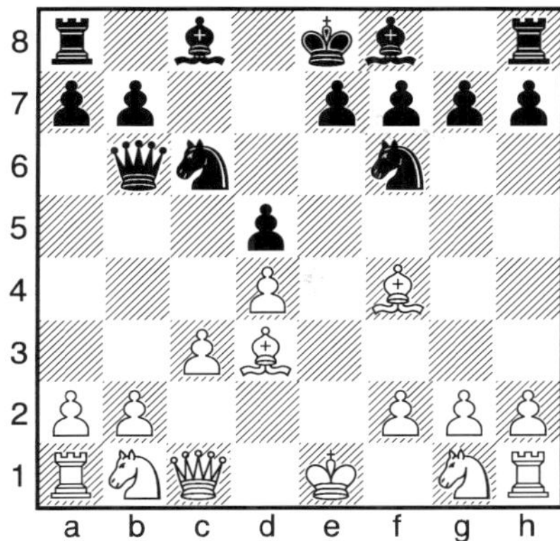

7...e5!

Dieser Zug ist besser als das häufigere 7...♗g4. Spätestens ab hier bewertet Stockfish die Stellung mit −0.8 als besser für Schwarz.

8.dxe5

Das wurde in den meisten der nur noch wenigen Partien gespielt. 8.♗g3 e4 ist fast ebenso gut, wurde aber in nur einer Partie gespielt ebenso wie der Fehler 8.♗xe5? ♘xe5 9.dxe5 ♘g4 −1.5.

8...♘g4 9.♕c2

Das ist laut Stockfish noch am besten. Jetzt (und später) ist 9.♘h3 eher schlecht wegen 9...♘gxe5 nebst 10...♗xh3 mit Zerstörung der Bauernstellung.

9.♗g3 ♗c5 10.♕c2 ist eine Zugumstellung zur Hauptvariante.

9...♗c5 10.♗g3 ♘cxe5 11.♗f1?

Der ♗d3 will sich in Sicherheit bringen, da die ♕c2 ja auch den Bauern b2 decken soll und 11.♗e2? ♗xf2+ ebenso wenig geht wie 11.♕e2? ♗xf2+ 12.♗xf2 ♕xf2+. Laut Stockfish ist 11.♘h3 ♕xb2 −0.8 hier der einzige Zug, der nicht direkt verliert.

11...0−0 12. ♘h3 ♖e8 13.♗e2 ♗f5! −+

Das Urteil ist gerechtfertigt, denn nach 14.♕xf5 ♕xb2 15.0−0 ♕xe2 gewinnt Schwarz noch weiteres Material. Statt 13...♗f5! folgte in der einzigen Datenbank-Partie 13...♘h6? und sie endete letztlich nur remis.

Nur mit dem bisher nicht gespielten 11.♘h3 kann Weiß sich halten, aber auch dann hat Schwarz das bessere Spiel und kann auf weiße Fehltritte hoffen.

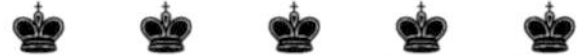

S19 Mit Schwarz gegen 1.d4 d5 2.♗g5

1.d4 d5

An dieser Stelle sind 2.c4 (65%) und 2.♘f3 (25%) klar die häufigsten Züge. An dritter Stelle, aber weit weniger häufig, folgt das in S18 behandelte 2.♗f4 mit knapp 3%. Danach mit je knapp 2% die fast gleich häufigen Züge 2.♘c3, 2.e3 und 2.♗g5. Bei mir war 2.♗g5 mit fünf Partien deutlich häufiger als die beiden anderen Züge mit je zwei Partien.

Wenn Weiß auf 2.c4 verzichtet, ist bei vielen Damenbauernspielen 2...c5 die Antwort mit der besten Performance für Schwarz, z. B. auch bei 2.♘f3 (S17) und bei 2.♗f4 (S18).

Auch in meinen beiden **2.♘c3**-Partien folgte 2...c5 und weiter 3.e4 dxe4 4.d5 ♘f6 5.♗g5 ♘bd7, was zugleich die Hauptvariante ist. Dabei ist die Performance von 56% bei 2...c5 auf gut 70% von 5...♘bd7 gestiegen, aber bei zuletzt nur noch zwanzig Partien, so dass die hohe Performance auch an entsprechenden ELO-Unterschieden liegen kann. Allerdings gefällt auch Stockfish die schwarze Stellung besser.

Bei 2.e3 hat 2...c5 eine Performance von fast 60%, obwohl 2...c5 auch hier nur der sechsthäufigste Zug ist.

2.♗g5

2.♗g5 hat mit 58% selbst schon die beste Performance (zusammen mit 2.c4) aller Züge von Weiß nach 1.d4 d5. Da müssen die Antworten von Schwarz eher darunter bleiben, und die beste Performance aller Antworten hat 2...f6 mit 50%, wogegen 2...c5 nur 44% aufweist. Zugleich ist 2...f6 unter den Top-Empfehlungen von Stockfish. Daher – und wegen eines erstaunlichen Bewertungsanstiegs der Hauptvariante – wird 2...f6 hier näher vorgestellt.

2...f6 3.♗h4

Dies ist mit 50% am häufigsten vor 3.♗f4 mit über 40%. 3.♗f4 wurde auch in meiner einzigen Partie mit 2...f6 gespielt. Mein Gegner machte die jeweils häufigsten Züge, nämlich 3.♗f4 ♘c6 4.♘f3 g5! 5.♗g3 g4! 6.♘h4 e5 7.e3? f5! −0.7, während ich Stockfish folgte (nach Vorbereitung), der dreimal einen weniger häufigen Zug empfahl. Dank des Fehlers 7.e3?, der in fast allen (wenigen) Partien an dieser Stelle geschah (besser ist 7.dxe5 −0.1), ist Schwarz schon in Vorteil.

Die Hauptvariante folgt nun den beiderseits häufigsten Zügen.

3...♘h6 4.e3

Ebenfalls sehr häufig ist 4.f3 c5 5.dxc5 e6! −0.5 (statt des viel häufigeren 5...e5? 6.♗f2 =).

4...♘f5 5.♗g3

Fast ebenso häufig und ebenso gut ist 5.♗d3 h5 6.♗xf5 ♗xf5 7.f3 ♘c6 −0.6.

5...h5 6.♗e2?

Besser ist das nur halb so häufige 6.h3 ♘xg3 7.fxg3 ♕d6 −0.6.

6...h4 7.♗h5+ ♔d7 −1.1

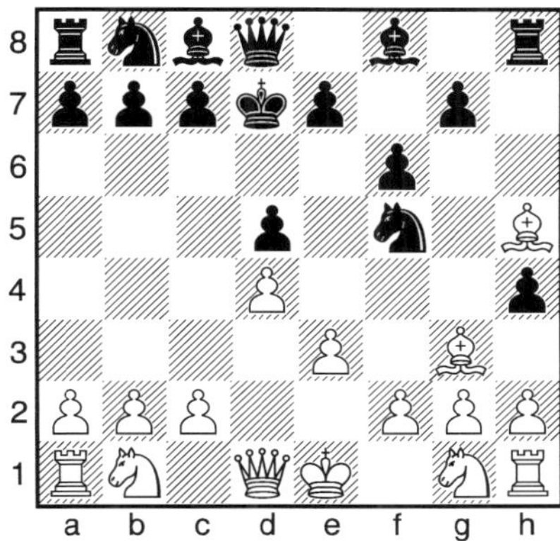

Nach Stockfish kann Schwarz angesichts der schwierigen Stellung der weißen Läufer so eine Königsstellung in Kauf nehmen. Andererseits ist es aber auch verständlich, dass Schwarz in dieser Stellung nur eine Performance von 50% erzielt hat. Die 22 Partien ergeben folgende Haupt-Varianten für die weiteren Züge.

a) 8.♗g4 e6 9.♗f4 g5 10.e4 dxe4 11.♗c1 ♔e8! −1.6

b) 8.♗f4 g5 9.e4 dxe4 10.d5 e6! −1.4

c) 8.♗g6 e6 9.♗f4 ♘e7 10.♕g4 ♔c6 −1.5.

Dies suggeriert, dass die Diagrammstellung aus Stockfish-Sicht eher noch günstiger für Schwarz ist als die angegebene Bewertung −1.1. Allerdings ist der Stellungstyp schon eher für Computer geeignet. Dennoch verlockt die hohe Bewertung doch den einen oder anderen, es mal auszuprobieren.

♚ ♚ ♚ ♚ ♚

S20 Mit Schwarz gegen 1.♘f3 d5 2.g3

1.♘f3 d5 2.g3

Dieser häufigste Zug wurde in nur etwas mehr als einem Drittel der Partien gespielt. Fast ebenso häufig ist 2.d4, was eine Zugumstellung zu Variante S17 ergibt. Der dritthäufigste Zug 2.c4 wurde in einem Viertel der Partien gespielt (siehe Variante S21).

2...g6

Dieser Zug ist zwar nur der fünfthäufigste, aber er hat eine bessere Performance, die auch für die folgenden Züge von Schwarz bestehen bleibt, obwohl mehrmals neue Partien durch Zugumstellungen hinzu kommen. Soweit nichts anderes angegeben ist, spielen beide Seiten im Folgenden stets den jeweils häufigsten Zug.

3.♗g2 ♗g7 4.0–0

Diesen Zug wählt die Hälfte aller Weißspieler, während ein gutes Drittel 4.d4 spielt. Darauf wird meist mit 4...c6 5.0–0 ♘f6 6.c4 dxc4 = fortgesetzt. Falls dann 7.♘e5, so 7...♘g4, denn 8.♘xc4? ♕xd4 –0.7 ist schwach.

4...e5 5.d3 ♘c6

Hier ist 5...♘ge7 viel häufiger, aber beide Züge werden in der Regel hintereinander gespielt und Stockfish bevorzugt diese Reihenfolge.

6.♘bd2 ♘ge7 7.e4 0–0 8.c3 a5 9.a4 h6 10.exd5 ♘xd5 11.♘c4 ♗f5 12.♖e1 ♖e8 13.♘h4 ♗e6 14.♘f3 =

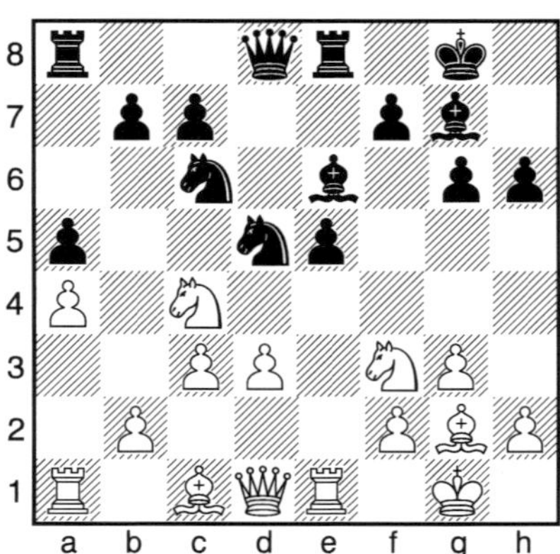

Setzen beide Seiten hier weitere zweimal mit dem häufigsten 14...♗f5 15.♘h4 ♗e6 16.♘f3 fort, so ergibt sich eine Zugwiederholung, wegen der Schwarz als Erster vor Ausführung von 18...♗f5 Remis reklamieren kann. Er kann aber statt dessen auch 14...f6 bzw. 16...f6 bzw. 18...f6 spielen und den minimalen Vorteil, den ihm Stockfish zugesteht, auszubauen versuchen.

♚ ♚ ♚ ♚ ♚

S21 Mit Schwarz gegen 1.♘f3 d5 2.c4

1.♘f3 d5 2.c4 d4

Dies ist mit 15% nur der dritthäufigste Zug nach 2...c6 und 2...e6, aber er hat eine deutlich bessere Performance. Es folgen lauter häufigste Züge von beiden Seiten.

3.g3

Dies wird – obwohl am häufigsten – nur in einem Drittel der Partien gespielt.

In einem Viertel der Partien wird 3.b4 gespielt, worauf Stockfish das dritthäufigste 3...c5 empfiehlt, z. B. 4.♗b2 (4.bxc5 ♘c6) ♘f6 5.g3 a5 6.b5 ♕c7 =.

In einem weiteren Viertel der Partien wurde 3.e3 gespielt mit den Hauptzügen 3...♘c6 oder 3...c5, die beide nach 4.b4 zu recht scharfen Abspielen führen. Aber gegen mich wurde in meinen neun Partien mit 2...d4 nie 3.e3 gespielt.

3...♘c6 4.♗g2 e5 5.d3

Dies ist mit 60% am häufigsten. Ein gutes Drittel der Weißspieler wählte 5.0–0, worauf Stockfish gegen die häufigsten Züge von Weiß folgende Fortsetzung empfiehlt: 5...e4 6.♘e1 h5 7.♗xe4 ♗h3 8.♗g2? ♕d7 9.♘f3? h4 −1.5.

Dazu gibt es eine Kurzpartie Klubspieler – Großmeister: 10.d3 hxg3 11.fxg3 ♗xg2 12.♔xg2 ♕h3+ 13.♔g1 ♘f6 14.♖f2 ♘g4 15.♖g2 f6 16.♕b3 0–0–0 17.♕b5 ♖h5 18.♕a4 ♗d6 19.♗f4 ♗xf4 20.gxf4 ♘e3 21.♖f2 ♖dh8 22.♘bd2 ♕g3+ 0–1 (Kopischke – Ibarra Jerez, 2019).

5...♘f6 6.0–0 a5 7.e3 ♗c5!

Dies ist mit unter 20% wieder nur der dritthäufigste Zug hinter 7...♗e7? und 7...dxe3. Aber die nächsten sechs Halbzüge sind wieder die jeweils häufigsten.

8.exd4 ♗xd4 9.♘xd4 ♘xd4 10.♖e1 0–0

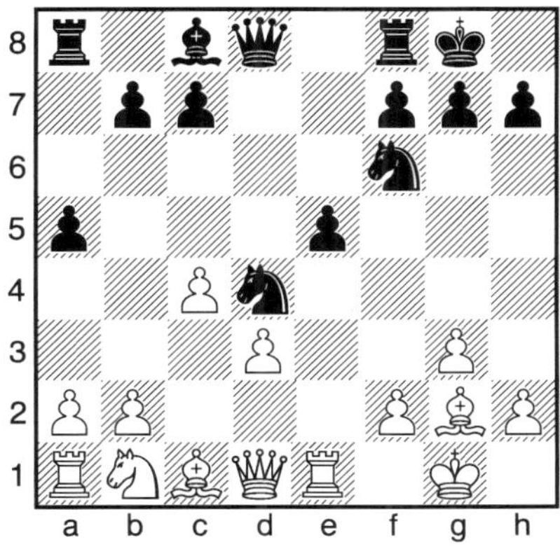

Mit dieser Stellung gibt es nur noch ein Dutzend Partien, und es scheint, als ob Schwarz nicht viel Entwicklungsvorsprung für den Bauern e5 bekommt. Aber eine Mehrzahl der Weißspieler lehnte den Bauerngewinn mit 11.♘c3 (oder 11.h3) ♖e8 = ab. Nur drei nahmen das Opfer an.

11.♖xe5? ♗g4 12.f3?

Besser ist laut Stockfish 12.♕d2 ♕d7 −0.5, nicht aber 12.♕a4? ♖e8 −+.

12...♘xf3+ 13.♗xf3 ♕d4+ 14.♖e3 ♖ae8 −1.5

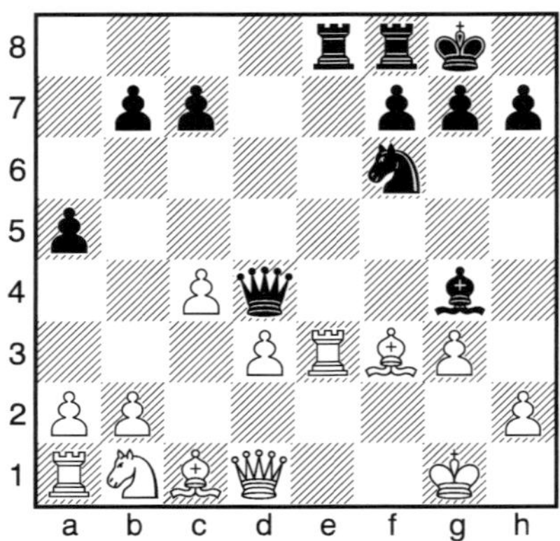

Soweit sind die Züge naheliegend, aber jetzt hat Weiß laut Stockfish nur noch mit 15.♘c3 ♖xe3 16.♗xe3 ♕xe3+ 17.♔g2 ♖d8 18.♗xg4 ♖xd3 −1.5 geringe Remischancen. So wurde auch in drei Datenbank-Partien gespielt.

Versuche, den Materialvorteil zu halten, sind schwächer:

a) 15.♕e2? ♗xf3 16.♕xf3 ♘g4 17.♘c3 ♘xe3 18.♕f2 ♕xd3 −+

b) 15.♔f2? ♗xf3 16.♕xf3 ♘g4+ 17.♔e2 ♘xe3 18.♗xe3 ♕xb2+ −+

c) 15.♔g2? ♖xe3 16.♗xe3 ♗xf3+ 17.♕xf3 (17.♔xf3? ♕g4+) ♕xb2+ −+

Fazit: Diese Variante zeigt ein hübsches Bauernopfer, das bei Klubspielern vermutlich viel häufiger angenommen wird als es in den Datenbank-Partien der Fall war, wo nach 10...0-0 fast nur Meisterspieler am Werk waren. Da ich diese Variante erst spät entdeckte, habe ich noch keine eigenen Erfahrungen damit, sondern zog stets 3...c5.

♚ ♚ ♚ ♚ ♚

S22 Mit Schwarz gegen 1.c4 e5 2.♘c3 ♘f6 3.g3, Teil A mit 8.d3

1.c4 e5 2.♘c3

Dies ist mit 70% klar am häufigsten. Ein Viertel der Weißspieler wählt 2.g3, aber die dann häufigsten Züge 2...♘f6 3.♗g2 d5 4.cxd5 ♘xd5 5.♘c3 münden wieder in die Hauptvariante von S22. In Variante S24 wird aber dem Schwarzen noch eine andere Möglichkeit als diese Zugumstellung angeboten.

2...♘f6 3.g3

Fast genauso häufig ist 3.♘f3, was aber nach den häufigsten Zügen 3...♘c6 4.g3 d5 5.cxd5 ♘xd5 6.♗g2 ♘b6 ebenfalls wieder in die Hauptvariante S22 führt.

3...d5 4.cxd5 ♘xd5 5.♗g2 ♘b6 6.♘f3

Dies ist mit fast 80% der klar häufigste Zug. Aber auch, wenn Weiß hier oder im nächsten Zug d2–d3 spielt (mit jeweils etwas über 10%), ergibt sich meist wieder nur eine Zugumstellung.

6...♘c6 7.0–0 ♗e7

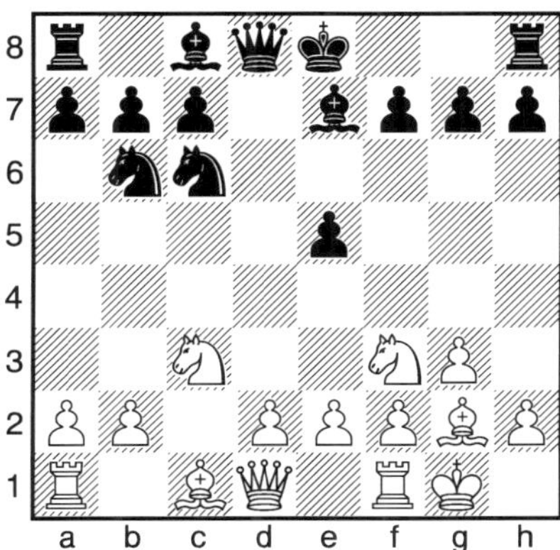

Damit ist die Ausgangsstellung des Sizilianischen Drachen mit vertauschten Farben und einem Mehrtempo für Weiß erreicht. Nun spielen 45% 8.d3 und 40% 8.a3. Von meinen eigenen 32 Partien mit 2.♘c3 ♘f6 oder 2.g3 ♘f6 wurden in letztlich immerhin 22 Partien eine der beiden Varianten 8.d3 oder 8.a3 erreicht.

Der Repertoirevorschlag für Schwarz sieht in beiden Fällen nun den Zug 8...g5 vor. Das ist ein zweischneidiger und eher seltener Zug (3%), der aber eine etwas bessere Performance erzielt hat als die viel häufigeren Fortsetzungen 8...0–0 oder 8...♗e6, insbesondere nach 8.a3. Schwarz plant damit einen Königsangriff mit g5–g4 nebst h7–h5–h4xg3. Dies ist das Spiegelbild zum Zug 7.g4 von Variante W5, aber jetzt ist dieses scharfe Vorgehen mehr begründet als dort, da hier der gegnerische König schon in seiner Rochadeecke steht.

8.d3

Zu 8.a3 siehe Variante S23.

8...g5 9.a3

Etwas häufiger ist 9.♗e3 g4 10.♘d2 und nun laut Stockfish 10...♘d4!, womit Schwarz nach dem häufigsten 11.♘c4 ♘xc4 12.dxc4 c6 ausgeglichen hat.

Nach dem dritthäufigsten Zug 9.a4 empfiehlt Stockfish, vor dem planmäßigen g5–g4 erst den Bauern a4 mit 9...a5 zu blockieren.

9.d4 ist ganz selten, kann aber behandelt werden wie in Untervariante a) von S23, da der Zug a2–a3 keine wesentliche Rolle spielt.

9...g4 10.♘d2 h5 11.b4 h4 12.♗b2

Soweit die häufigsten Züge beider Seiten. Auf 12.♘b3, das fast ebenso häufig ist wie 12.♗b2, empfiehlt Stockfish 12...♗e6 +0.3. In beiden Fällen gibt es nur noch wenige Partien.

12...hxg3

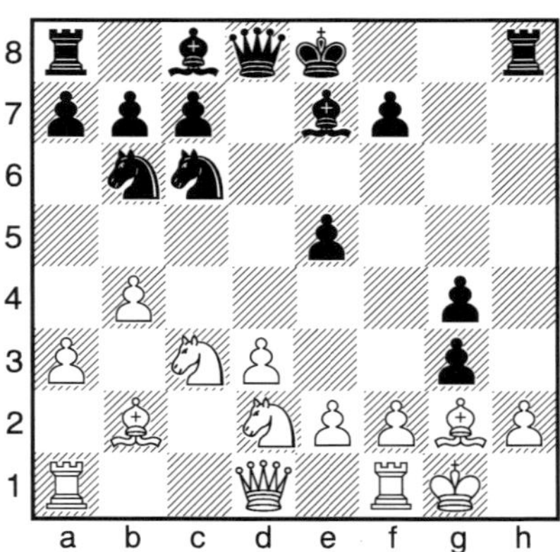

a) 13.hxg3

Das ist etwas besser (+0.5) und häufiger als b) 13.fxg3.

13...♕d6 14.♘b5

In meiner einzigen Partie mit 13.hxg3 spielte mein Gegner 14.f4?, was nach 14...♕h6 15.fxe5 ♗g5 wegen des Lochs auf e3 ähnlich verliert wie in Untervariante b).

14...♕h6 15.♖e1 ♗d8!

Dies ist laut Stockfish deutlich besser als das in den drei Datenbank-Partien gespielte 15...♗d6.

16.♘c4 ♘xc4 17.dxc4 f5 = (oder 17...♗e6)

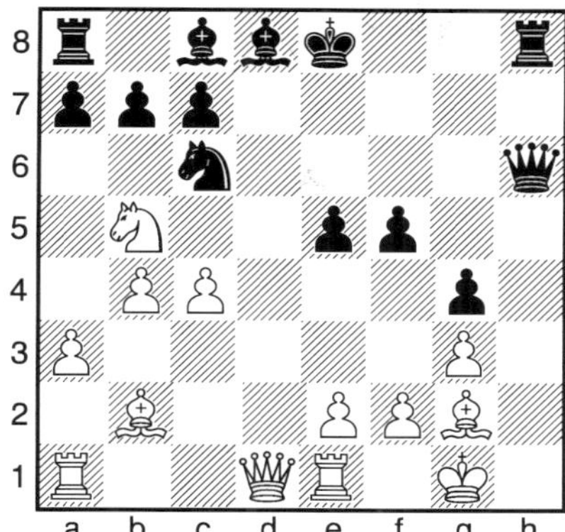

Ein Fehler wäre nun das verlockende 18.♕d5? ♗e6 19.♕c5 ♔f7 20.♗xc6 bxc6 21.♕xc6 ♗f6 22.♘xc7 ♖ac8 23.♕xe6+ ♔g6 –+.

b) 13.fxg3 ♗g5

Hiermit gibt es in der Datenbank nur noch zwei Partien, die Schwarz wie folgt gewann:

14.♘c4?

In meiner einzigen Partie mit 13.fxg3 spielte mein Gegner 14.♘de4 ♗e3+ 15.♘f2 ♕g5 und war nach 16.♘ce4? ♕h6 –+ verloren. Besser war laut Stockfish 16.♗c1 ♕h6 mit dem einzigen Zug 17.♗xc6! bxc6 18.h4 =.

14...♘xc4 15.dxc4 ♗e3+ 16.♔h1 ♕g5

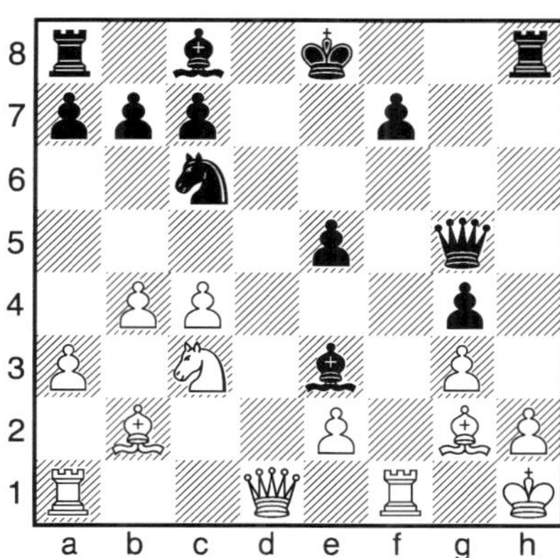

In der einen der beiden Datenbank–Partien gab Weiß nun nach 17.♗xc6+ bxc6 auf; in der anderen spielte er noch

17.h3 ♖xh3+ 18.♗xh3 ♕h6 −+.

Eine zusammenfassende Einschätzung des Vorgehens 8.d3 g5 ist schwierig. Angesichts der für Schwarz befriedigenden Performance des Standardzuges 8...0−0 von über 50% empfiehlt sich das scharfe 8...g5 hauptsächlich gegen Gegner, die den Standardaufbau mit 8...0−0 gut kennen.

♚ ♚ ♚ ♚ ♚

S23 Mit Schwarz gegen 1.c4 e5 2.♘c3 ♘f6 3.g3, Teil B mit 8.a3

1.c4 e5 2.♘c3 ♘f6 3.g3 d5 4.cxd5 ♘xd5 5.♗g2 ♘b6 6.♘f3 ♘c6 7.0–0 ♗e7 8.a3

Zu 8.d3 siehe die vorige Variante S22.

8...g5

Nun sind 9.d3, 9.d4 und 9.b4 annähernd gleich häufig in der angegebenen Reihenfolge. In meinen acht Partien mit 8.a3 g5 wurde viermal 9.d3 gespielt, dreimal 9.d4 und nur einmal 9.b4. Der Zug 9.d3 ist eine Zugumstellung zur vorigen Variante S22. Zu 9.d4 siehe die folgende Untervariante a), zu 9.b4 die Untervariante b).

a) 9.d4

Hier ergibt der jeweils häufigste Zug folgende Variante:

9...exd4 10.♘b5 0–0 11.♘fxd4 ♘xd4 12.♘xd4 ♗f6 13.♘b5 (13.♘b3 ♕xd1 14.♖xd1 ♘a4! =) **13...♕xd1 14.♖xd1 c6 15.♘c3** (15.♘d6 ♖d8) **h6!** =

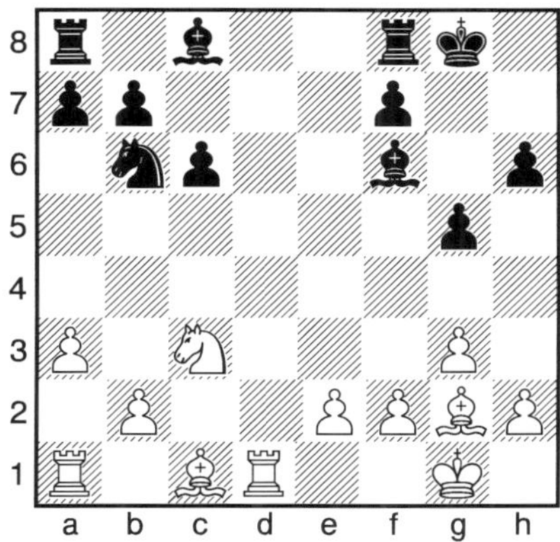

b) 9.b4

Die Variante der häufigsten Züge verläuft wie folgt:

9...g4 10.♘e1 h5 11.♘d3 h4 12.b5 ♘d4 13.♘xe5 ♕d6 14.♘d3?

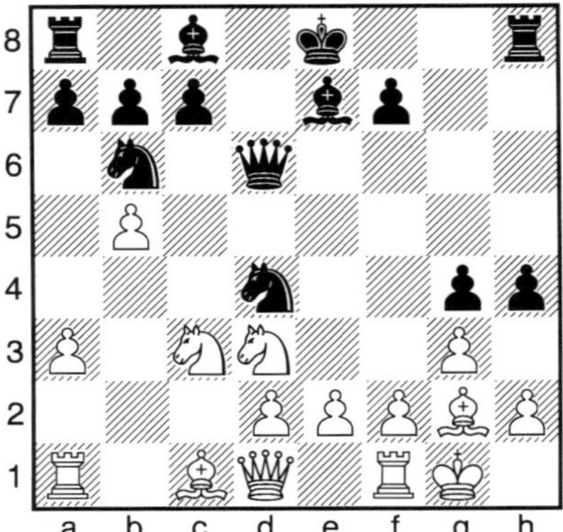

Letzteres wurde noch nie gespielt, vielmehr folgte in den beiden letzten verbliebenen Partien das einzig Richtige 14.e3 ♕xe5 15.exd4 ♕xd4 =.

Hingegen ist Weiß nach 14.♘d3? verloren, z. B. 14...♕h6 15.♖e1 hxg3 16.hxg3 ♗e6 17.♖b1 ♕h2+ 18.♔f1 0–0–0 19.♘f4 ♖h6 20.♘xe6 ♖dh8 nebst matt in 4 Zügen.

Fazit: Das scharfe 8...g5 gibt dem Schwarzen durchaus Gewinnchancen gegen den Drachen mit vertauschten Farben und empfiehlt sich daher insbesondere angesichts der für Schwarz schwachen Performance (45%) des Standardaufbaus 8.a3 0–0 9.b4. Dennoch wird in S24 noch eine Alternative angeboten, die auch chancenreich, aber weniger scharf ist, nämlich der „Grand-Prix-Angriff“, der vielen Spielern nur mit Weiß gegen Sizilianisch bekannt ist, der aber auch mit vertauschten Farben gespielt werden kann.

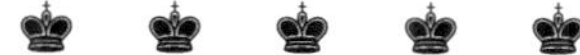

S24 Mit Schwarz gegen 1.c4 e5 2.g3 (Grand–Prix–Angriff)

1.c4 e5

Da das Schwarz–Repertoire bisher gegen 1.c4 nur eine sehr scharfe Variante (8...g5) enthält, habe ich – auch um weniger berechenbar zu sein – öfters auch eine zweite Variante angewandt, die mir im Gewinnsinne ebenfalls sehr attraktiv erscheint, und zwar eine Art Grand–Prix–Angriff (GPA) mit vertauschten Farben.

Der GPA mit Weiß ist vom geschlossenen Sizilianer bekannt, wenn Schwarz seinen Königsläufer fianchettiert. Weiß spielt e4, ♘c3, f4, ♗c4, zieht baldmöglichst seine Dame über e1 nach h4 und öffnet dem ♗c1 durch f4–f5 den Weg nach g5 oder h6. Einen ähnlichen Aufbau kann man auch als Schwarzer nach 1.c4 e5 versuchen, wobei man wegen des Minustempos den ♗f8 nur nach e7 statt c5 stellt und das Feld c6 nicht gleich mit dem Springer besetzt, sondern evtl. mit dem Bauern, wonach der ♗e7 über d8 nach b6 kann und so doch auf die Diagonale zum gegnerischen König kommt.

Dieser Aufbau wird mit den folgenden fünf Zügen eingeleitet, wobei vielerlei Zugumstellungen möglich sind, aber die sechs Halbzüge der Hauptvariante nach 2.g3 d6 sind zugleich wieder die häufigsten Züge:

2.g3

Damit ist sicher, dass Weiß seinen Königsläufer flankieren will, worauf der GPA ausgerichtet ist. Auch mit 2.♘c3 d6 3.g3 f5 4.♗g2 kommt man zur GPA–Hauptvariante, aber Weiß könnte da auch auf g2–g3 verzichten.

2...d6

Der GPA kann z. B. auch mit 2...f5 3.♗g2 ♘f6 4.♘c3 ♗e7 5.d3 d6 und Übergang zur Hauptvariante eingeleitet werden.

Und natürlich kann Schwarz mit 2...♘f6 3.♗g2 d5 4.cxd5 ♘xd5 5.♘c3 zum normalen Aufbau S22 übergehen.

3.♗g2 f5 4.♘c3 ♘f6 5.d3 ♗e7

So wird mit lauter häufigsten Zügen die Ausgangsstellung des GPA erreicht. Nun gibt es drei mit je fast 30% etwa gleich häufige Züge, nämlich 6.e4, 6.e3 und 6.♘f3.

6.♘f3

Diese Stellung *nach* 6.♘f3 entsteht häufig auch bei früherem ♘f3 durch Zugumstellung. Dadurch wächst die Partienzahl *nach* 6.♘f3 auf mehr als das Doppelte und ist damit häufiger als nach 6.e4 und 6.e3 zusammen. Daher wird im Folgenden nur 6.♘f3 betrachtet.

6...0–0 7.0–0 ♕e8

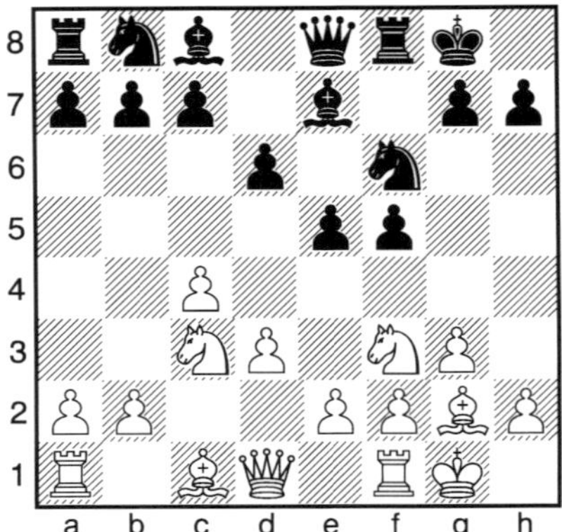

Dies ist der Startzug des GPA. Schwarz spielt auf Königsangriff mit ♕h5, f4 und ♗h3 oder ♗g4, während Weiß versucht, am Damenflügel in Vorteil zu kommen. In der Diagrammstellung wurden mehr als ein Dutzend Züge gespielt. 8.c5 ist laut Datenbank mit 25% der häufigste vor 8.b4 mit 20%. In meinen vier Partien mit dieser Stellung wurde 8.c5 nicht gespielt, aber 8.b4 zweimal.

a) 8.c5 ♘c6! 9.cxd6 ♗xd6! =

Die letzten beiden Züge von Schwarz waren gemessen an der Häufigkeit nur zweite Wahl, aber die erste Wahl von Stockfish. Und so gibt es jetzt nur noch eine Handvoll Partien, und jede mit einem anderen Zug. Zwei davon mit raschem Ende nahmen den folgenden Verlauf:

a1) 10.♘b5 ♕h5 11.b3 f4 12.♗b2? fxg3!

Das ist laut Stockfish deutlich stärker als der Partiezug 12...♗h3.

13.fxg3 e4 14.♘xd6 exf3 15.♗xf3 ♕c5+ 16.d4 ♕xd6 –+

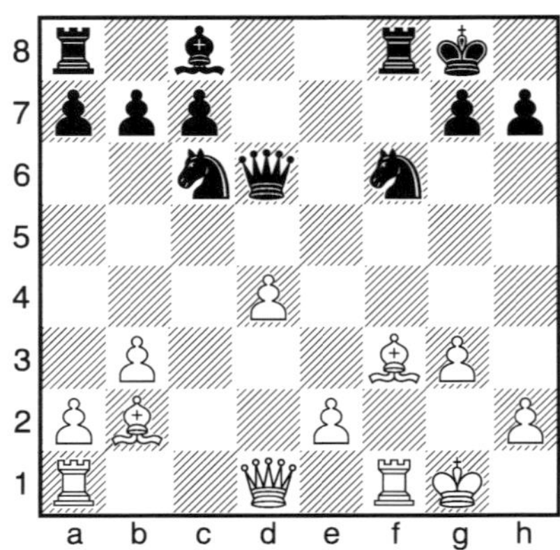

a2) 10.a3 ♔h8 11.♘b5 ♕h5 12.♗d2 f4 13.♘xd6 cxd6 14.e3? ♗g4 –2.0

b) 8.b4 ♕h5

Hier teilen sich die ohnedies nicht mehr vielen Partien auf ein Dutzend Züge auf. Die beiden häufigsten sind:

b1) 9.♕b3 f4! =

Dies hält Stockfish für das Beste, was jedoch nur in zwei Partien gespielt wurde.

10.c5+ ♔h8

Und nun geschah in der einen Partie der Fehler 11.d4? e4! –2.0.

Auch in der anderen folgte eher schwach 11.♘d5, was mit 11...♘xd5 12.♕xd5 c6 –0.7 beantwortet werden sollte.

Am besten ist laut Stockfish 11.gxf5 ♘c6 –0.2.

b2) 9.♘d5 ♘xd5 10.cxd5 –0.5

Hier empfiehlt Stockfish 10...f4 oder 10...♘d7, womit es je zwei Partien gibt. Eine meiner eigenen Partien verlief wie folgt:

10...♘d7 11.♗b2 ♘f6 12.♘d2? f4 13.e4?

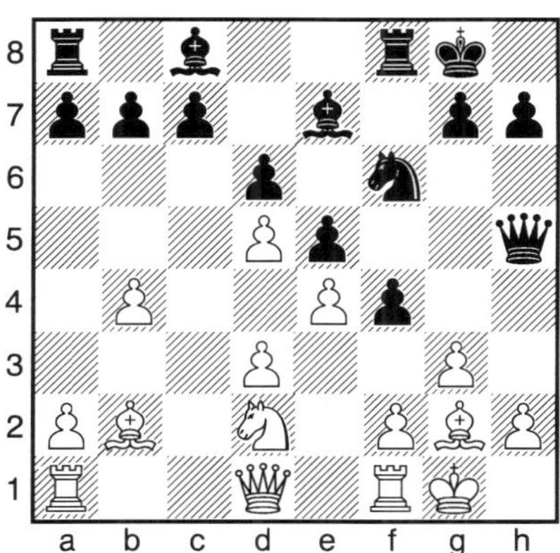

Und nun hätte das hübsche **13...♘g4 14.h3 ♗g5!** rasch gewonnen (bzw. das typische GPA–Motiv 14.♘f3 fxg3 15.hxg3 ♖xf3).

c) 8.♗d2 ♕h5 9.e4? fxe4 10.♘xe4? ♘xe4 11.dxe4 ♗xg4 –+ ist ein Kurzschluss aus einer weiteren eigenen Partie.

Fazit: In der Diagrammstellung nach dem 7. Zug sind beide Seiten recht flexibel aufgestellt, und Stockfish bewertet die Stellung als ausgeglichen. Aber Schwarz hat eine Performance von über 60%. Das deckt sich mit meiner eigenen Erfahrung, dass Weiß aus Respekt vor dem Angriff öfters eine Ungenauigkeit begeht, die dem Schwarzen Gewinnchancen gibt.

♚ ♚ ♚ ♚ ♚

S25 Mit Schwarz gegen 1.g3 / 1.f4 / 1.b3 / 1.♘c3 / 1.b4

a) 1.g3 e5 2.♗g2 d6 3.c4

Damit ist dieselbe Stellung erreicht wie in S24 (GPA).

b) 1.f4 d5 2.♘f3

Wenn Weiß 2...g6 mit 2.b3 verhindern will, bringt 2...♗g4! 3.♗b2 e6 oder 2...♘c6! 3.♗b2 ♗g4 Schwarz in Vorteil (−0.3).

2...g6 3.e3 ♗g7 4.♗e2 ♘f6 5.0–0 0–0 6.d3 c5 7.♕e1 ♘c6 8.♕h4 b6 9.♘bd2 ♗a6 −0.5

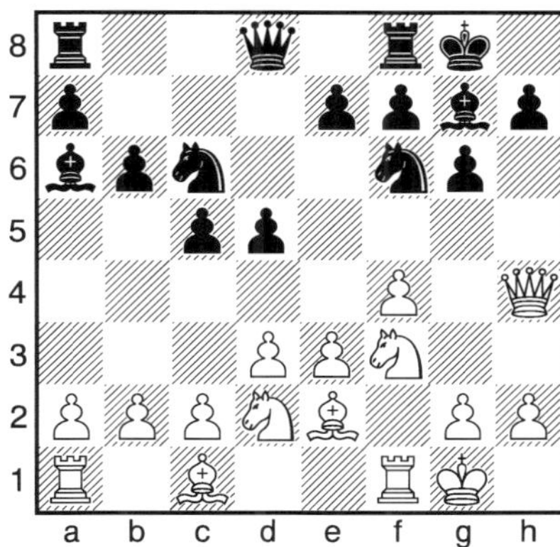

Dies ist die Variante der häufigsten Züge mit Ausnahme von 2...g6 und 8...b6, die wegen höherer Performance bzw. Empfehlungen von Stockfish vorgezogen wurden. Mit der Diagrammstellung gibt es noch acht Partien, die mit fünf verschiedenen Zügen fortgesetzt wurden.

c) 1.b3 e5 2.♗b2 ♘c6 3.e3

An dieser Stelle wurde schon in 5 meiner 6 Partien abgewichen, und zwar mit drei verschiedenen Zügen.

Die Variante der häufigsten Züge geht weiter mit

3...♘f6 4.♗b5 ♗d6 5.♘a3 ♘a5 6.♗e2 ♗e7!

Dies findet Stockfish etwas besser als das häufigere 6...a6.

7.c4 ♘c6 = und Schwarz hat eine angenehme Stellung.

d) 1.♘c3 d5 2.e4

Dieser in drei Viertel der Partien gespielte Zug ergibt eine Zugumstellung zu Variante S12, Untervariante a).

e) 1.b4 e5 2.♗b2 ♗xb4 3.♗xe5 ♘f6

Nun sind mit je 30% zwei Züge nahezu gleich häufig:

e1) 4.♘f3 0–0 5.e3 d5 6.♗e2 c5 7.0–0 ♘c6 8.♗b2 ♖e8 9.d3 ♕e7! 10.♘bd2 d4 11.e4 ♗e6 –0.6

Dies ist die Variante der beiderseits häufigsten Züge mit Ausnahme der Stockfish-Empfehlung 9...♕e7. Der letzte Zug 11...♗e6 wurde erst in einer einzigen Partie gespielt, wie es überhaupt nur wenige Partien mit 9...♕e7 gibt.

e2) 4.c4 0–0 5.e3 d5 6.cxd5 ♘xd5 7.♘f3 ♖e8 8.♗e2?

Dieser nach 8.♗b2 zweithäufigste (40%) Zug ist ein Fehler.

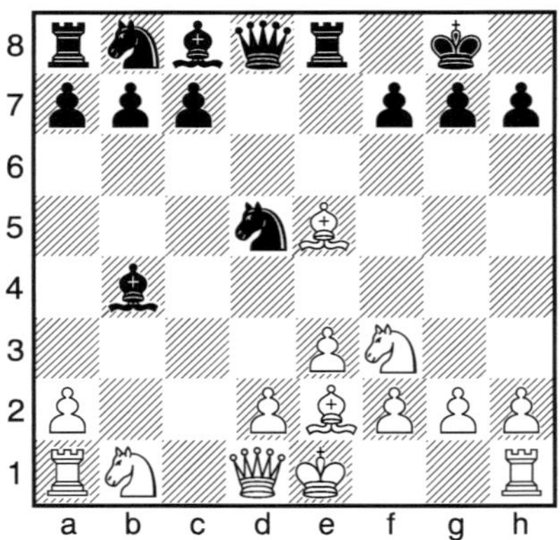

8...♖xe5 9.♘xe5 ♕f6 10.f4? (10.0–0 ♕xe5 –2.0) **10...♘xe3 –+**

Der Fehler 8.♗e2? kam in zwei Dutzend Partien vor.

Welche Fehler begegnen dem Repertoire–Spieler am häufigsten?

Die 60 Eröffnungsvarianten W1 – W35 und S1 – S25 decken die meisten Eröffnungen ab, mit denen der Anwender dieses Repertoires sich auseinandersetzen muss. Gemessen an den Zügen der Variantenübersicht sind es sogar 70–80% der Partien, wie schon zu Beginn dargelegt wurde. Jede dieser 60 Varianten führt zu einem oder mehreren Zügen, die mit einem Fragezeichen gekennzeichnet sind, weil dort die Stellungsbewertung um mindestens eine halbe Bauerneinheit gesunken ist. Die Größe des Fehlers kann variieren von einer halben Bauerneinheit bis zum Matt und wird in den Anmerkungen erläutert. Ebenso variiert die Stelle, an der ein solcher Fehler auftritt, sei es bereits im 2. Zug oder eben später. Interessanter ist jedoch die Frage, welche Fehler am häufigsten erreicht werden, wenn man die Partien der Datenbank zugrundelegt und sie gemäß Repertoire filtert.

Genau diesen Prozess habe ich vollzogen und die Partienanzahlen bei Varianten, die mehrere Fehlermöglichkeiten enthalten, zusammengefasst.
Dies hat folgende **Top–20–Varianten** ergeben:

Weiß – Sizilianisch: W1, W2, W3, W8

Weiß – Offen: W9–10, W11, W12, W13–14, W16

Weiß – Französisch: W19, W20, W22

Weiß – Caro–Kann: W24–25

Weiß – Pirc: W28

Schwarz – Skandinavisch: S1, S6, S8, S11, S12

Schwarz – Damengambit: S15

Spitzenreiter sind die Kieler Falle S1 mit gewissem Vorsprung, das Isländische Gambit S8, das Vierspringerspiel W12 (mit 4...♘d4) und das Dreispringerspiel W16. Die anderen genannten Varianten liegen deutlich dahinter, aber recht nahe beieinander, während in den nicht genannten Varianten nochmals deutlich weniger Partien zu einem Zug mit Fragezeichen führen. In den Top–20–Varianten sollte der Repertoire–Anwender die Fehler und deren Widerlegung besonders gut kennen.

In diesem Sinne wünsche ich dem Anwender viel Freude und Erfolg mit den hier vorgestellten Varianten.

Übersicht über die Eröffnungszüge des Weißrepertoires

W1	1.e4	c5	2.♘f3	d6	3.d4	cxd4	4.♘xd4	♘f6	5.♘c3	a6	6.♗g5	W1
W2										g6	6.f4	W2
										♘c6	*zu W4*	
W3				♘c6	3.d4	cxd4	4.♘xd4	♘f6	5.♘c3	e5	6.♘db5	W3
W4										d6	6.♗g5	W4
W5								g6	5.♘c3			W5
W6								e5	5.♘b5			W6
W7-				e6	3.d4	cxd4	4.♘xd4	a6	5.♘c3			W7-8
W7								♘c6	5.♘c3			W7
W7								♘f6	5.♘c3			W7
W9-	1.e4	e5	2.♘f3	♘c6	3.♘c3	♘f6	4.♗b5	d6	5.d4			W9-10
W11								♗b4	5.0-0			W11
W12								♘d4	5.♘xe5			W12
W13								♗c5	5.♘xe5			W13-14
W15								a6	5.♗xc6			W15
W16						♗c5	4.♘xe5					W16
				♘f6	3.♘c3	♘c6	*Zugumstellung zu W9-15*					
W17						♗b4	4.♘xe5					W17
W18				d6	3.d4							W18
W19	1.e4	e6	2.d4	d5	3.♘c3	♗b4	4.e5					W19
W20						♘f6	4.♗g5	♗e7	5.e5			W20
W21								dxe4	5.♘xe4			W21
W22								♗b4	5.e5			W22
W23						dxe4	4.♘xe4					W23
W24	1.e4	c6	2.d4	d5	3.♘c3	dxe4	4.♘xe4	♗f5	5.♘g3			W24-25
W26								♘d7	5.♗d3			W26
W27								♘f6	5.♘xf6			W27
W28	1.e4	d6	2.d4	♘f6	3.♘c3	g6	4.♗g5					W28
W29						e5	4.♘f3					W29
W30	1.e4	d5	2.exd5	♕xd5	3.♘c3							W30
W31				♘f6	3.d4							W31
W32	1.e4	g6	2.d4									W32
W33	1.e4	♘f6	2.e5									W33
W34	1.e4	♘c6	2.♘f3									W34
W35	1.e4	b6	2.d4									W35

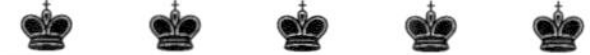

Übersicht über die Eröffnungszüge des Schwarzrepertoires

S1	1.e4	d5	2.exd5	♘f6	3.d4	♘xd5	4.c4	♘b4	5.♕a4+	♘8c6	S1
S2									5.a3	♘4c6	S2
S3							4.♘f3	g6	5.c4	♘b6	S3
S4									5.♗e2	♗g7	S4
S5						♗g4	4.f3	♗f5			S5
S6					3.♗b5+	♗d7	4.♗c4	b5			S6
S7							4.♗e2	♘xd5			S7
S8					3.c4	e6					S8
S9					3.♘f3	♕xd5	mit 6...♕f5				S9
S10							mit 7...♕h5				S10
S11					3.♘c3	♘xd5					S11
S12			ohne 2.exd5		(2.♘c3	oder	2.e5	oder	2.d4)		S12
S13	1.d4	d5	2.c4	c6	3.♘f3	♘f6					S13
S14					3.♘c3	e5	4.dxe5	d4			S14
S15							4.cxd5	cxd5	5.dxe5	d4	S15
S16									5.e3	e4	S16
					3.cxd5	cxd5	4.♘c3	e5	*zu S15*		
S17			2.♘f3	c5							S17
S18			2.♗f4	c5							S18
S19			2.♗g5	f6							S19
S20	1.♘f3	d5	2.g3	g6							S20
			2.d4	*Zugumstellung zu S17*							
S21			2.c4	d4							S21
S22	1.c4	e5	2.♘c3	♘f6	3.g3	d5	mit 8.d3				S22
S23							mit 8.a3				S23
S24			2.g3	d6	*(Grand-Prix-Angriff)*						S24
S25	1.g3	oder	1.f4	oder	1.b3	oder	1.♘c3	oder	1.b4		S25

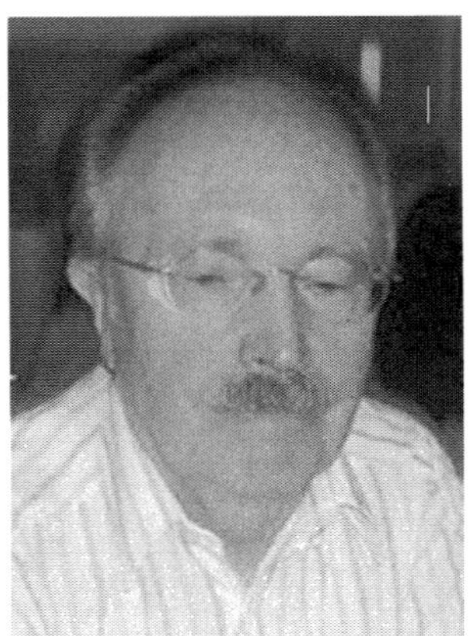

Der Autor, Dr. Thomas Mack, ist Mitglied des Schachklubs Tarrasch 1945 München und hat sich nach seinem Berufsleben als Versicherungsmathematiker intensiv seinem Hobby Schach gewidmet.

Seine besten Turnierergebnisse sind der Gewinn der Münchner Senioren-Einzelmeisterschaft 2016 mit einer DWZ-Performance von 2202 und der Gewinn der Klubmeisterschaft 2018/19 mit einer DWZ-Performance von 2164. Zum Ende seiner Turnier-Aktivitäten stellt er mit dem vorliegenden Text die Analysen und Statistiken zu seinem Eröffnungsrepertoire anderen Klubspielern zur Verfügung.